I0816383

Mereces más de lo que crees

Sanación sin tanto rollo

Karla Barajas

Sanación sin tanto rollo

Mereces más de lo que crees

Karla Barajas

AGUILAR

El papel utilizado para la impresión de este libro ha sido fabricado a partir de madera procedente de bosques y plantaciones gestionadas con los más altos estándares ambientales, garantizando una explotación de los recursos sostenible con el medio ambiente y beneficiosa para las personas.

Mereces más de lo que crees
Sanación sin tanto rollo

Primera edición: octubre, 2024

D. R. © 2024, Karla Barajas

D. R. © 2024, derechos de edición mundiales en lengua castellana:
Penguin Random House Grupo Editorial, S. A. de C. V.
Blvd. Miguel de Cervantes Saavedra núm. 301, 1er piso,
colonia Granada, alcaldía Miguel Hidalgo, C. P. 11520,
Ciudad de México

penguinlibros.com

Viñetas de interiores: © iStock
Música que acompaña a las meditaciones: De Wolfe Music
www.dewolfemusic.com

Penguin Random House Grupo Editorial apoya la protección del *copyright*.
El *copyright* estimula la creatividad, defiende la diversidad en el ámbito de las ideas y el conocimiento, promueve la libre expresión y favorece una cultura viva. Gracias por comprar una edición autorizada de este libro y por respetar las leyes del Derecho de Autor y *copyright*. Al hacerlo está respaldando a los autores y permitiendo que PRHGE continúe publicando libros para todos los lectores.

Queda prohibido bajo las sanciones establecidas por las leyes escanear, reproducir total o parcialmente esta obra por cualquier medio o procedimiento así como la distribución de ejemplares mediante alquiler o préstamo público sin previa autorización.
Si necesita fotocopiar o escanear algún fragmento de esta obra diríjase a CemPro (Centro Mexicano de Protección y Fomento de los Derechos de Autor, https://cempro.com.mx).

ISBN: 978-607-384-988-3

Impreso en México – *Printed in Mexico*

Para tu mamá y la mía. Para tus hermanas y las mías.
Para tus tías y las mías. Para tus primas y también las mías.

Para ti y para mí.

Que este libro sea un recordatorio andante de que
mereces mucho más de lo que te acostumbraste.

Que tengas una vida llena de sueños y cosas bonitas.

Agradecimientos

Agradezco mucho a mi esposo Nat, pues sin él, nada de esto existiría. Gracias por acompañarme en todo este proceso. Gracias por recordarme que todo esto sí podía realizarse. Gracias por confiar en mis sueños y también hacerlos tuyos. Les deseo a todas y a todos un Nat en sus vidas para que los acompañe, los guíe y los apapache.

Índice

1
INTRODUCCIÓN

¡Bienvenida, bienvenido! Qué alegría que la vida nos hizo encontrarnos en este preciso momento. No sé cómo es que este libro haya llegado a tus manos, pero quizás estás en un momento de tu vida en el que quieres hacer cambios o sientes frustración porque las cosas no salen como esperabas, o simplemente estás empezando nuevos ciclos. Incluso puede que estés en el proceso de querer manifestar esos sueños que tanto anhelas, pero por más cosas que haces, no ves grandes resultados. Y aunque las razones por las que esos resultados no llegan pueden ser muy diversas, en los siguientes capítulos descubriremos juntos qué podemos hacer para alcanzarlos.

Quiero platicarte que, durante más de 10 años, por más que yo le pedía y le pedía al Universo una vida diferente —una en la que pudiera hacer más de lo que yo quería y en la que me sintiera mejor conmigo misma—, no lo lograba; no entendía por qué las cosas no pasaban. Pero, con el paso del tiempo, fui descubriendo y experimentando diversas técnicas energéticas y holísticas que me ayudaron a conseguir eso que tanto deseaba. De entre todas ellas, comprendí que existen cuatro áreas fundamentales en nuestra vida en las que tenemos que trabajar con esmero si es que esperamos manifestar una realidad armoniosa, una en la que existan todas esas cosas que siempre hemos anhelado.

Es por eso que este libro está lleno de verdades y de nuevas perspectivas, pero entre todas ellas, quiero hacerte unas recomendaciones iniciales:

1. Pasa a la acción. Haz los ejercicios y ve a tu ritmo, pero sí date permiso de hacer cambios en tu vida. Quizás eres de los que han estado en varios cursos o leído muchos libros, pero éste puede ser ese gran libro que te ayude a transformar todo, sólo que necesito que pongas de tu parte. Todo eso que te vaya platicando más adelante, necesito que lo vayas haciendo y aterrizando, lo vayas asimilando y no te lo quedes como un simple cúmulo intelectual: no nomás subrayes y le dobles la esquinita a la página, sino realmente hazlo, no lo dejes para después.

2. Tú llevas el orden, pues cada capítulo es independiente. Si bien estaría padrísimo que leyeras el primer capítulo, después el segundo, y así sucesivamente, no pasa nada si lo lees en otro orden. Lo importante es que puedas leer de qué se trata cada uno, y que empieces por aquel que te genera más curiosidad e interés; no hay ningún problema en ello.

3. Sé amoroso contigo mismo. Hay momentos y verdades que duelen, pero es sanador atravesarlos. Hace mucho tiempo tuve una psicóloga que me dio este gran consejo y ahora te

lo quiero dar a ti: te voy a compartir la herramienta de los baños de miel.

Sólo vas a necesitar miel de abeja. En un recipiente o en un platito, vas a poner cuatro cucharadas grandes de miel, y te lo vas a llevar contigo cuando te vayas a bañar. Ya en la regadera, con tu cuerpo mojado, vas a tomar esa miel y la vas a comenzar a tallar dulcemente por todo tu cuerpo y te vas a decir lo mucho que te amas, lo mucho que te aprecias, el gran valor que posees. Además, si hay algún momento en el libro que te haga pasar por una sensación incómoda —como parte de un proceso de sanación o transformación—, como alguna verdad, algo fuerte que te dé ganas de llorar, toma esa situación para trabajarla con los baños de miel. Por ejemplo, si te acabas de divorciar o si estás viviendo una ruptura amorosa, y al leer este libro se mueve alguna fibra sensible de tu historia de vida, vas a aliviar ese aspecto con los baños de miel. Te vas a decir todo eso que nunca te dijiste, vas a escuchar todo lo que nunca quisiste escuchar, te pedirás perdón y te darás tu lugar.

Mientras vas frotando las diferentes partes de tu cuerpo con la miel, irás llenando de dulzura todo tu cuerpo. A continuación, te comparto algunos ejemplos de lo que te podrías decir: "Te amo mucho", "No merecías esos tratos", "No importa por lo que pasaste", "Eres una persona muy valiosa", "Eres una persona muy hermosa", "Estoy aquí para escucharte", "Todo lo que sientes es válido", "Entiendo que sientes miedo", "Todo va a estar muy bien", "Todo va a mejorar", "Eso que sientes no es permanente", "Vas a avanzar en la vida", "Vas a volver a sentirte feliz", etcétera.

La recomendación es que lo hagas en la regadera a una hora en la que nadie te esté presionando, que nadie te esté escuchando; será un tiempo mágico que te vas a regalar, alrededor de unos 10 o 15 minutos en los que estarás hablando contigo mismo. Puedes cerrar la llave del agua mientras lo haces, puedes poner música para que te ayude a fluir y a concentrarte. Esfuérzate en esa conversación para que esas palabras que salen de ti para ti duren al menos 10 minutos. Sin embargo, no pasa nada si la primera vez no te sale. Siempre es mejor intentarlo y "fallar", que nunca haberlo hecho.

Al hacer estos baños de miel, la única recomendación es evitar la cabeza, la cara y los genitales.

Cuando termines esta práctica, vas a continuar con tu baño, como usualmente lo haces. Vas a repetir el proceso por tres o cuatro días más, o las veces que lo necesites. Los baños de miel se pueden usar para los más variados temas: duelos, rupturas amorosas, cuando tengas un mal día, cuando no te trataste bonito, cuando tuviste una situación fuerte, en fin, cuando sea que lo necesites. Especialmente, te recomiendo que lo uses durante el proceso de lectura de este libro.

4. La diferencia entre cambiar solo y cambiar en tribu. Te aconsejo que te des el permiso de leer este libro y hacer este proceso de la mano de alguien más, tal vez tu mejor amiga, tu pareja, tus papás, tu hermana, quien tú quieras; que le regales un ejemplar de este libro y que le digas: "Vamos a hacer esto juntas. Tú a tu propio ritmo y yo al mío, pero vamos a sanar juntas". Después de todo, este proceso y esta posibilidad de poder hacer esto en comunidad va a ser muy diferente. Te ayudará a que no te sientas sola contra el mundo, que no te sientas triste, que no te alejes de todos, ya que será un proceso sanador, amoroso, apapachador y rico, que hará que cualquier cosa que platique o que te esté pasando, tengas a una amiga, una confidente con quien hablarlo.

5. Recuerda que es muy importante que disfrutes el proceso y que por medio de él te conozcas, pero hazlo sin prejuicios, sin castigos y sin comparaciones. Que de verdad estés haciendo esto por y para ti, pues de nada te va a servir que te estés presionando o que estés viendo esto como una tarea más, sino que realmente lo hagas porque deseas hacerlo.

6. No ignores las herramientas y las meditaciones que aquí te presentaré sin importar que parezcan muy simples. A lo mejor puedes usar tu mente para visualizar los ejercicios —como imaginar que tomas los baños de miel— y decir: "Ah, ya lo hice", pero el punto no es hacer las cosas por hacerlas, sino más bien te aconsejo que las vivas, que las experimentes. Por más que pienses cosas como "¡Ay, y por qué voy a desperdiciar una libreta entera!", "¿Por qué voy a hacer esto en un espejo?". Deja ir esas dudas y pon en práctica lo que aquí aprendas. Hazlo, de verdad hazlo.

Este libro está conformado de seis capítulos, un número que no es casualidad, pues numerológicamente, el número seis está relacionado con la prosperidad y la abundancia, con la paz y la tranquilidad, el seis es el equilibrio de las fuerzas y energías materiales con las espirituales. Es por eso que desde un inicio quería que este libro estuviera lleno de amor, dulzura y fertilidad; que te llevara a conectar con esa nueva vida que te mereces y que no tienes porque tal vez, con anterioridad, no te has dado el permiso de tenerla.

Antes de comenzar, me gustaría platicarte un poquito más de mí. Me presento: soy Karla Barajas, creadora de contenido. Soy la autora de *Manifestación sin tanto rollo* (2023). Me dedico a dar cursos y conferencias sobre diversos temas energéticos, pero mis pilares más fuertes, y de lo que más platico, son cada uno de los temas presentes en cada uno de los siguientes capítulos que vas a leer: el tema de cómo hacer las paces con nuestro cuerpo, cómo llenarlo de amor, cómo sentirnos bien en los procesos de pérdida de peso y de reconciliación con nuestro cuerpo y con nuestros alimentos, cómo sanar tu casa y hacer las paces con ella, cómo salirte de relaciones tóxicas, cómo volver a tener una tribu con la que te sientas feliz y en paz, pero, sobre todo, hablo sobre el tema del merecimiento.

Y déjame comentarte que sé de todos estos temas porque crecí en una familia en la que todo esto era —y lo sigue siendo— muy común. Desde que yo estaba muy chiquita, mis papás se dedicaban a temas energéticos, sin mencionar que crecí en Playa del Carmen, un lugar en donde lo holístico está presente en cada rincón. Siempre quise compartir este estilo de vida y lo que yo veía que mi familia hacía, por lo que, más o menos cuando comenzó la pandemia del coronavirus, empecé a crear contenido y, para mi sorpresa, poco tiempo después comenzó a crecer exponencialmente, al grado que hoy en día me dedico sólo a ello. Junto con mi esposo, ahora nos dedicamos a abordar estos temas holísticos, a enseñarles a las personas que hay terapias alternativas increíbles, como la meditación, la visualización, la canalización de energías, etcétera.

Además, yo tenía muchas ganas de que estos temas espirituales pudieran ser enriquecidos con una perspectiva científica, generando un puente entre la espiritualidad y la vida cotidiana. De esta idea que tuve de unir estos dos mundos, se creó un comité de investigación que está conformado por miembros del Sistema Nacional de Investigadores (SNI), desde investigadores Nivel I hasta Investigadores Eméritos. De esta manera, y como resultado de esta unión, se está creando un contenido más integral. Por ejemplo, si yo hablo de cómo hacer las paces con tu cuerpo, lo puedo hacer desde una parte espiritual y energética, pero también desde una parte física y más aterrizada.

Actualmente, mi proyecto está muy enfocado en el tema de poder enseñarle a las personas a tener una espiritualidad segura, es decir, dejar muy en claro quién es un charlatán, qué sí es seguro para las personas, qué no es tan benéfico; en cómo alguien puede decir "Okey, esto es en lo que creo, pero, ¿qué tengo que hacer para ponerme a salvo de una secta, de un charlatán, de una persona que está usurpando un puesto o una carrera que no tiene?". Bueno pues, por medio de mis contenidos, cursos y libros, trato de ayudarles a que puedan encontrar las respuestas a esas interrogantes.

Hice lo posible por hacer este libro ameno y centrado, fácil de poner en práctica. Si llevas muchos años en estos temas, te darás cuenta de que aquí me gusta hacer las cosas sin tanto rollo, así que disfruta y, una vez más, ¡bienvenida, bienvenido!

Finalmente, antes de concluir con esta introducción, me gustaría que hagas un ejercicio: vas a escribir una carta de compromiso contigo misma, contigo mismo.

Yo ....

(escribe tu nombre completo en la línea) me comprometo a tratarme con amor y acompañarme en este proceso de sanación.

Estoy haciendo esto por y para mí. Hago esto porque quiero recordarme que soy

....

....

....

....

....

....

....

(rellenar con lo que quieran; por ejemplo: quiero recordarme que mi voz importa, mis sueños y mis intereses importan, y merezco dedicarme tiempo y energía a mí y a mi cuerpo).

Atentamente

....

Nombre y firma

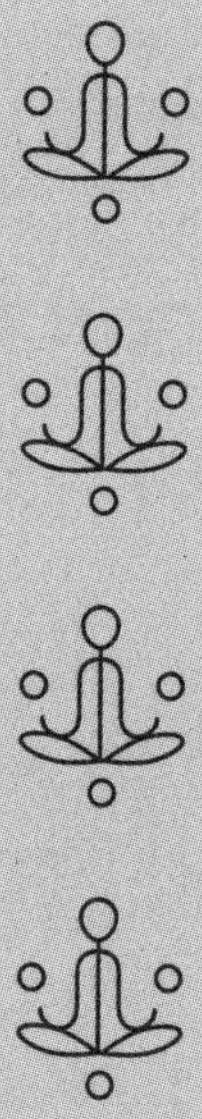

2
AMAR NUESTRO CUERPO

CONECTA CON TU CUERPO

"Tu cuerpo es tu primer templo".

Anónimo

Cualquier vivencia que experimentamos tiene que ver con nuestro cuerpo, ya que, por obvio que parezca, en todo lo que hayamos hecho, hacemos o queramos hacer, éste siempre estará involucrado, debido a que es la parte de nuestro ser que se vincula directamente con este mundo físico. Por eso, resulta importante recordar que debemos amarlo y respetarlo y yo creo que, para lograrlo, nos tiene que caer bien. Pongamos por ejemplo a una pareja: si te cae bien, la respetarás y amarás, porque hay un interés sincero hacia su ser. En cambio, si te cae mal, difícilmente podrás empatizar con esa persona, ya no se diga respetarla o amarla. Lo mismo puede pasar con una persona famosa o con un lugar, si de plano no te agradan, no existirá ese respeto y amor genuinos.

El detalle es que en ocasiones pasamos tanto tiempo queriendo ser famosos, amados por otras personas y agradarles a todos, que se nos va la vida en estos esfuerzos. Intentamos a toda costa beneficiar a los demás, dejándonos a nosotros mismos en un segundo plano y, a veces, hasta en el olvido. No te sientas mal si lo has hecho. Yo te entiendo, también lo he hecho. Y es que allá afuera no nos dan los conocimientos ni las herramientas para aprender a amarnos y cuidarnos, sin mencionar que no es algo que veamos a diario en nuestro entorno, pues rara vez se ven ejemplos explícitos o tangibles de amor propio. Y, como pocas veces vimos o vemos a personas que se amen y se respeten a sí mismas, no aprendemos a hacerlo ni por imitación. Así que ya lo sabes: no te sientas mal si tienes que pedirle perdón a tu cuerpo; al contrario, siéntete feliz de que has detectado un aspecto de tu vida que debe mejorar, que debe transformarse.

¡Bienvenida, bienvenido, a este capítulo! Aquí comenzaremos a trabajar en un proceso de sanación por medio del perdón y la buena autoestima. Y, para pasar a la acción de manera inmediata, te propongo el siguiente ejercicio.

EJERCICIO

1. Vas a verte frente al espejo, mirándote fijamente a los ojos, y señalándote a ti misma/o.
2. Ahora, dirás la siguiente afirmación: "Yo a ella/él la/lo quiero mucho y me cae muy bien".
3. Pon atención en qué sientes y en cómo te sientes (si tienes la necesidad, escríbelo o haz una nota de audio).

Te recomiendo que hagas este ejercicio cada mañana, cada vez que vayas al baño, o cuando pases frente a un espejo y tengas la oportunidad de realizarlo; puede que parezca algo muy simple o hasta sin importancia, pero en verdad que es muy útil. Sé de personas que ni siquiera podían verse al espejo, pero haciendo esta sencilla práctica, han mejorado mucho su autopercepción.

> "Aceptamos el amor que creemos merecer".
>
> Stephen Chbosky, *Las ventajas de ser invisible*

La frase anterior es muy cierta, pues no podemos dar lo que no tenemos o lo que no hemos vivido o recibido. Recuerda que estamos inmersos en un mar de energía, y las frecuencias energéticas de nuestras creencias atraen manifestaciones que vibran en esa misma frecuencia. En otras palabras, si te tratas o te hablas de cierta manera, eso es lo que vas a esperar de otros, es lo que recibirás de la vida. Si buscas que los demás y el Universo te traten diferente, primero tú debes tratarte diferente. Todo cambio externo comenzará con un cambio interno.

Si crees que vales o mereces poco, eso es lo que recibirás. Pero no te preocupes, en el capítulo 5 de este libro vamos a trabajar en este aspecto, en tu merecimiento y autovaloración, con el fin de que te des permiso de recibir nuevas cosas en tu vida. Así que, por el momento, te aconsejo que sigas con la lectura de este libro, pero, sobre todo, que realices los ejercicios que aquí te propongo. Con ellos, poco a poco, conseguirás los cambios significativos que deseas en tu vida e irás encontrando la mejor versión de ti misma, de ti mismo.

No lo olvides: todos nuestros pensamientos, sentimientos y actos, tienen una repercusión en nuestro cuerpo físico. ¿Te ha pasado que al asistir a algún evento —quizás uno familiar o de trabajo— en el que no sientes comodidad ni seguridad, durante o al salir de él, te da dolor y/o algún tipo de inflamación? De seguro sí. Esto también pasa cuando todo el día, desde que nos despertamos, nos la pasamos sobrepensando la misma situación o el mismo tema y, en la noche o a la mañana siguiente, tenemos un dolor de cabeza terrible, mucho cansancio, e incluso desórdenes gastrointestinales. Insisto porque es importante: nuestros pensamientos nos afectan. Nuestra forma de ser, tarde o temprano, tendrá una repercusión en nuestro cuerpo físico.

Por supuesto que se dice fácil, ¿no? Controla tus pensamientos, tus emociones, tus acciones, pero no es sencillo. Entiendo que la vida se pasa súper rápido y que a veces queremos lograr muchas cosas, sin mencionar que la gente muere, las relaciones terminan, nos quedamos sin trabajo, en fin, pueden pasar mil y una cosas que nos pueden causar miedo, tristeza, cansancio o desánimo; incluso podemos llegar a sentir que nuestra vida avanza sin rumbo, como si fuera a la deriva. Es completamente normal, y justo por eso, quiero compartirte tres herramientas que para mí son básicas y que me ayudan a reconectar conmigo misma y me dan la claridad y la fuerza para seguir adelante. Claro que hay muchas otras técnicas y herramientas, y tú tienes la libertad de elegir las que desees, pero te aseguro que estas tres me han ayudado muchísimo a lo largo de mi vida. Si bien es cierto que algunos de estos consejos tienen un costo monetario, hay muchos otros que no y que podemos comenzar a usar de forma inmediata.

Éstas son mis tres herramientas básicas para sobrellevar las emociones negativas de las que hemos hablado antes:

1. Cuidar mi mente.
2. Cuidar mi esencia.
3. Cuidar mi cuerpo.

CUIDAR NUESTRA MENTE

Se ha comprobado científicamente (sobre todo en las ciencias médicas) que nuestra forma de pensar tiene una repercusión muy grande en nuestra salud —en lo particular—, y en nuestra vida —en lo general. Por ello, cuidar qué pensamos es de suma importancia, pues nuestra percepción de las cosas definirá nuestro entorno inmediato, por lo que tener una buena salud mental, con pensamientos de calidad y positivos, será de gran ayuda en el proceso para transformar nuestra vida.

A continuación, te comparto algunas ideas que nos pueden ayudar a cambiar la salud de nuestra mente:

1. Dejar de usar el celular con tanta frecuencia

Sé que suena muy contradictorio que una creadora de contenido como yo te diga esto, pero a mí me ha servido mucho. Hace tiempo me propuse que lo primero que haría en el día, al levantarme, no sería usar el celular. De igual forma, lo último que hago en el día, no es pasar tiempo en mi celular. Es una acción complicada, pues especialmente las redes sociales están diseñadas para ser adictivas, para que pasemos mucho de nuestro tiempo en ellas. Pero confía en mí, vale la pena comenzar a disminuir su uso y si haces esto verás que comenzarás a sentirte mucho mejor. Así, cuando tomes tu celular, lo disfrutarás aún más. Si sientes mucha resistencia al hacer este ejercicio, créeme que lo necesitas más que nadie.

2. Hacer pausas

En la actualidad vivimos en un mundo tan acelerado que difícilmente nos damos la oportunidad de frenar nuestro ajetreo por un momento. Incluso cuando estamos comiendo, no disfrutamos nuestros alimentos adecuadamente, pues estamos pensando en nuestros pendientes, en qué es lo que vamos a hacer tan pronto como terminemos de comer.

Es súper importante que nos acostumbremos a hacer pausas en nuestro día a día, sin importar lo breves que éstas puedan ser. Aunque tal vez te preguntes "¿qué significa hacer una pausa?", por muy sencillo u obvio que parezca, justo es eso, detener la rutina y darnos tiempo para nosotros mismos. Buscar una conexión muy íntima con nuestro ser interno o con nuestra parte espiritual. Lo ideal es que todos los días nos tomemos un tiempo para reflexionar, meditar, visualizar, decretar o hacer cualquier tipo de práctica espiritual. Aunque si nos resulta imposible hacerlo, te sugiero que al menos lo hagas cada vez que lo necesites, cuando te sientas confundido, indeciso o abrumado. Así como diariamente dedicamos tiempo para estar presentes mientras comemos, dormimos o nos bañamos. El objetivo es que le dediquemos un momento a nuestro ser, que nos demos el tiempo de escucharnos a nosotros mismos. Ser muy sinceros y preguntarnos: ¿cómo me siento hoy? ¿Qué cosas necesito para sentirme mejor? ¿Me gusta la vida que estoy llevando? ¿Qué estoy haciendo? ¿Qué estrategias estoy llevando a cabo para conseguir mis objetivos? Éstas son sólo unas cuantas preguntas a modo de ejemplo, pero tú puedes formular tus propias preguntas, hacer tus propias reflexiones. Tal vez puedas realizar esta práctica mientras te tomas un café, un té, o mientras te estás bañando. No hay nadie mejor que tú para definir en qué momento y en qué lugar será mejor hacerlo.

Otra forma de llevar a cabo estas pausas es practicando la contemplación, es decir, disfrutar nuestro presente sin la intromisión de nuestros pensamientos agobiantes o preocupantes. Simplemente puedes salir a caminar y observar la naturaleza a tu alrededor, los elementos que hay, los colores, los sonidos, las personas que pasan. Puedes irte a un parque, darle la vuelta a la manzana donde está tu casa. Puedes platicar con alguien que te importa, ya sea que lo hagas por teléfono o que se vayan a tomar algo. Si no tienes mucho tiempo, puedes darte unos minutos para tomar un vaso de agua o comer una fruta y, mientras lo haces, pon atención a los olores y sabores de lo que estás comiendo, disfruta de tu bebida de manera consciente.

Esta práctica, por simple que parezca, es muy útil para reconectarnos con nosotros mismos, así que es ampliamente recomendable.

3. Organizar mi vida

Este consejo se puede llevar a cabo de dos maneras. Primeramente, puede que realices esta organización a un nivel externo, es decir, que te pongas a ordenar y limpiar tu casa, tu oficina, tu espacio de trabajo o tu habitación. Sacude, limpia, barre, trapea, acomoda y, de ser posible, tira, dona, regala o vende todo lo que ya no utilizas, especialmente aquello que no has usado en más de un año. En mi caso, al ser una persona muy visual, necesito que mis cosas estén ordenadas y en su lugar; de lo contrario, me cuesta más trabajo enfocarme.

El otro aspecto de este consejo se relaciona más con el orden de nuestros pensamientos y de nuestras emociones, pues muchas veces nos sentimos muy abrumados sin ninguna razón aparente, pero cuando organizamos esas ideas, nos damos cuenta de que no es algo súper grande, sino que, por el contrario, lo estábamos exagerando.

¿Y cómo podemos poner orden en este aspecto de nuestra vida? A mí me sirve mucho, y justo por eso te lo recomiendo, tomar un rollo enorme de papel —pero si no tienes un rollo, puede ser en una cartulina, en varias hojas, incluso en un cuaderno, o si tienes uno, en tu diario (si no lo tienes, podrías empezarlo)— en el que escribo cómo me siento y qué quiero mejorar. Por eso, este punto se relaciona mucho con el anterior, en el que te sugerí hacer una autoevaluación de nuestra situación actual. Vamos a responder lo siguiente:

- ¿Cómo te sientes en tu trabajo o escuela?
- ¿Cómo te sientes en tu relación de pareja?
- ¿Cómo te sientes en tu casa?
- ¿Cómo te sientes con tus pendientes?
- ¿Cómo te sientes con tu familia?
- ¿Cómo te sientes con tus amigos?

Contestar estas preguntas, o algunas de éstas, nos ayudará a conocernos mejor, a entender dónde estamos situados, y hacia dónde vamos y, con ello, podremos definir un plan de acción, si no perfecto, al menos lo suficientemente claro como para comenzar a dar los primeros pasos hacia la vida que queremos manifestar. Respecto a esto, hay una frase de Martin Luther King que me ayuda mucho en mis momentos de duda: "Da el primer paso con fe, no es necesario que veas la escalera completa, sólo da el primer paso".

4. Escribir todos mis pendientes

Como ya he mencionado, tener claridad en el proceso de transformación personal es algo muy importante, pues nos da una directriz a seguir. A mí me sirve mucho elegir un día de la semana, en mi caso el domingo, para tomar una pausa y hacerme consciente de las cosas que tengo que realizar. Yo tengo un minipizarrón en el que me gusta escribir, brevemente, qué es lo que pasará en mi semana, qué pendientes tengo, qué quiero hacer, adónde quiero ir, y cómo estoy comenzando mis planes.

Este sencillo ejercicio me ayuda mucho a ver las cosas desde otra perspectiva y me da mayor seguridad al momento de tomar decisiones, para saber qué sí voy a hacer y qué no. Y no debe ser algo súper exhaustivo que tenga que tomarte horas para realizarlo; no. Con 15 o 20 minutos que le dediques a la semana puede ser un gran cambio.

5. Ir a terapia psicológica

Aquí me gustaría hacer hincapié en que, aunque hablar con alguien más puede ser muy útil, no es lo mismo que acudir con un terapeuta profesional, pues las herramientas y el trato que te darán es muy diferente, principalmente porque el terapeuta profesional tiene una debida preparación que lo capacita para hacer ese tipo intervenciones psicológicas. Hablar con alguien de confianza por supuesto que ayuda, pero ir con un profesional hace la diferencia.

Si eres de las personas que dice: “Yo no voy con el psicólogo porque no tengo dinero”, me gustaría que reflexiones: ¿por qué no invertir en nosotros mismos cuando muchas veces gastamos sin chistar para irnos de fiesta el fin de semana o para comprarnos el último modelo de un teléfono celular? En varias ocasiones preferimos invertir en cosas no tan útiles o necesarias, en lugar de hacer dicha inversión en nosotros mismos. Pero no te culpo, es probable que esa forma de actuar se deba a que tal vez no nos sentimos lo suficientemente merecedores como para destinar dinero, tiempo y esfuerzo en nuestro bienestar.

Ahora bien, entiendo a la perfección que no todos tenemos el recurso para acudir a terapia, pero sólo es cuestión de buscar otras posibilidades. ¿Sabías que existen instancias gubernamentales y programas de beneficencia social que ofrecen terapias psicológicas a bajo costo o hasta de manera gratuita? Incluso si eres menor de edad o sigues estudiando, te recomiendo que te acerques al Departamento de Servicio Social o de Orientación Vocacional —los nombres pueden variar dependiendo de si es sector privado o público, o acorde con el nivel de estudios—, ya que la mayoría de las veces, por no decir que todas, tienen una plantilla, unos cuantos psicólogos, que proporcionan sus terapias de manera gratuita, pues son parte de los servicios y beneficios que ofrece la institución escolar. Así que es cuestión de que investigues un poco.

6. Hablar de algo que me hace ruido

En relación con el punto anterior, si por algo no puedes o no te animas a ir con un terapeuta profesional —algo totalmente válido—, siempre puedes recurrir a tu red de apoyo, es decir, tu círculo de personas más cercano. Es recomendable que te desahogues en un ambiente seguro donde no te van a juzgar ni a criticar, sino que, al contrario, te van a apoyar. Y aunque las personas en dicho círculo pueden emitir opiniones y compartir su punto de vista, no necesariamente harás lo que te están diciendo, pues el objetivo no es buscar que alguien más te solucione la vida, sino que, con base en sus perspectivas, tú formes la tuya, lo que, muy probablemente, te acercará a la solución que estás buscando.

7. Desconectarme de las cosas que me alteran

Hay ocasiones en que determinados eventos, como alguna noticia de gran relevancia o algún suceso que está en boca de todos, nos perturban y nos roban la calma, o nomás estamos ahí, siguiendo la tendencia de lo ocurrido, porque nos gusta el chismecito, pero, siendo sinceros, no podemos hacer nada al respecto. Por ejemplo, he conocido a personas que se enfrascan en alguna noticia internacional, como una guerra, y siguen cada detalle en los medios de comunicación, se asustan y se preocupan; a tal grado que la noticia les afecta emocionalmente. Y no es que diga que no les tiene que importar nada, pues al final como seres humanos es normal sentir empatía ante la desgracia del otro, pero preocuparnos o gastar nuestra energía en ello no ayudará a que el conflicto termine. Así es que a veces es mejor desconectarnos de dicho suceso.

Ahora bien, si es algo más cercano y que nos afecta de una manera más directa, como podría ser el tema de una herencia o de una patria potestad, muchas veces tampoco sirve de nada que nos estemos preocupando o que tomemos cierta actitud al respecto, pues el resultado no dependerá de nuestro actuar. Lo mejor es no tomarnos las cosas de manera tan aprensiva. El reto es desconectarnos y fluir con las circunstancias. Y no se trata de ignorar el problema o hacernos de la vista gorda, sino actuar con responsabilidad, es decir, responder con habilidad a los retos y circunstancias que la vida nos está presentando.

CUIDAR NUESTRA ESENCIA

Cuidar quienes somos puede sonar muy obvio, pero cuando lo analizamos, nos daremos cuenta de que muchas veces no lo hacemos.

Y de seguro te has de preguntar "¿a qué te refieres con nuestra esencia exactamente?". Bueno, me refiero a esa parte de nosotros que no podemos medir, que nadie puede ver y que, sin embargo, es lo que nos define como una persona única y especial. En otras palabras, tu vibra personal, lo que algunos han llamado *alma* o *espiritualidad*, pero que a mí gusta llamar *esencia*.

Cuidar nuestra esencia es fundamental, pues allá afuera habrá muchas personas y circunstancias que tratarán de decirnos qué es lo que más nos conviene hacer, o no hacer, acorde con los lineamientos sociales, políticos, culturales y económicos. Por eso, te quiero compartir una serie de recomendaciones que puedes llevar a cabo para cuidar de tu esencia.

1. Agradecer y recordar lo bendecidos que somos

Una forma en la que yo hago esto es viendo fotos de los logros que he realizado y de lo que he vivido en los últimos meses e incluso en los últimos años. Veo esos momentos y recuerdo todo lo que sentí en ese entonces. Me acuerdo de todo lo que tuve que hacer para llegar ahí, y agradezco. Inclusive, si crees que no has hecho nada importante o relevante, debes enfocarte en lo que tienes en tu medio inmediato. Haz una pausa y observa lo que hay en tu vida: te invito a agradecer por las personas que están junto a ti —tu familia, tus amigos, tus compañeros de trabajo—, por las comodidades de las que disponemos en esta era moderna —agua corriente y potable, electricidad, acceso a internet, un hogar—, por tu empleo o por la forma en la que te puedes sostener económicamente, por tener un cuerpo saludable —puedes dar las gracias porque puedes ver, escuchar, caminar o porque simplemente puedes valerte por ti misma—, por la libertad que tienes al vivir en una sociedad democrática y contemporánea. Como ves, no debes enfocarte en aspectos muy grandes, sino en las cosas básicas de las que disponemos y que muchas veces damos por sentado que las tenemos. Estoy segura de que aun en las circunstancias más adversas puedes hallar un motivo para agradecer.

Para complementar lo anterior, también te recomiendo que te des el tiempo de ver de cerca un organismo vivo, pues al hacerlo de manera consciente, te darás cuenta de lo perfecto que es el Universo. Un día haz el ejercicio de acercarte a un árbol para que veas todo lo que implica su existencia: unas raíces, un tronco y una copa, que muchas veces se convierten en el hogar de ciertos insectos y animales —por ejemplo, las hormigas que recorren su corteza o los pájaros que viven en sus ramas—. Observa con detenimiento su textura, sus colores y sus formas. Tal vez puedas ver sus flores o sus frutos, sus nuevos brotes, la vida que nace y se sostiene en él. Pero si un árbol no te inspira de esta manera, puedes observar una flor, un lago, un paisaje o un animal. Respecto a esto último, si tienes una mascota, te invito a que la veas con detenimiento: sus ojitos, sus orejas, su pelaje, en fin, toda su fisiología, pues te darás cuenta de lo perfecta que es y, por lo tanto, de lo perfecto que es el Universo y los seres que en él habitamos. Muchas veces estamos tan inmersos y saturados con nuestra cotidianidad, que se nos olvida que hay una infinidad de cosas agradables y bonitas justo enfrente de nosotros.

2. Dedicarle tiempo a lo que nos hace feliz

Muchas veces las propias circunstancias de la vida o nuestro ritmo del día a día nos impiden disfrutar de las cosas más esenciales, como podría ser el pasar tiempo con nuestra familia, seres queridos, amigos, mascotas o nuestra pareja. Disfrutar de esos momentos y reír a carcajadas mientras compartimos nuestras mejores vivencias es una muy buena forma de traer felicidad a nuestro entorno.

Si por las circunstancias de la vida, no puedes compartir estos momentos con alguien más, no te preocupes, haz aquellas actividades que te generan alegría, como ver tu película favorita, ir a comer a ese restaurante que tanto te gusta, salir a caminar al camellón o al parque, escuchar tu *playlist* preferida. Incluso si no puedes hacer nada de esto porque tal vez estás en el hospital o qué sé yo, no importa, recurre a tu memoria. La mente es tan poderosa que cuando imaginamos no distingue si lo que está en nuestra pantalla mental es fantasía o no, la mente lo toma por verdadero.

3. Dejar en manos divinas eso que nos agobia o asusta

Hay ocasiones en que ciertas situaciones difíciles nos quitan nuestra calma, pues las traemos en la mente, les damos vueltas una y otra vez, y nomás no sabemos qué hacer, o sabemos, pero no podemos implementar dicha solución por determinadas razones. En esos casos, en los que de plano me siento muy agobiada por lo que pasó, está pasando o tal vez podría pasar, yo hago una pausa y lo dejo ir, lo pongo en manos divinas, se lo entrego al Universo. Por ello, cada vez que estés pasando por una situación similar, te recomiendo que te detengas y te digas a ti misma, a ti mismo —ya sea mentalmente, en voz baja, en voz alta o escribiéndolo, como lo prefieras—: "Sé que no tengo el control entero de esta situación, y que mi mente no alcanza a dimensionar todo lo que implica. Es por eso que la libero de mi ser y se la entrego al Universo". Si es necesario toma algunas respiraciones profundas. Suéltalo, déjalo ir en ese flujo de energía que es el Universo mismo. Si puedes, te recomiendo que, al finalizar este proceso de liberación, hagas una meditación de relajación o un ritual que te ayude a calmarte, a reconectarte de nuevo con tu esencia espiritual.

4. Buscar maneras y actividades con las que nos podamos sentir expandidos

Es común que en esta era de la información y de tanto ajetreo, nuestra mente nos haga creer que somos chiquitos, que no importamos mucho, e incluso nos haga pensar que no somos merecedores de cosas bonitas y que todo lo bueno no está disponible para nosotros, sino que es sólo para la gente rica o con buena suerte. Pues bueno, justo debemos de mantener a raya este tipo de pensamientos que lo único que provoca es un mal energético. Hay que darle un giro de 180° y para hacerlo, debemos recordar lo gigante que es el Universo, así como su manera perfecta de funcionar. Con esa grandeza resulta ilógico pensar que no hay suficiente para todos y cada uno de los seres que lo habitamos.

Te invito a que hagas las siguientes actividades:

- Convive con tus amigos, con tu círculo más íntimo, con esas personas que te quieren mucho, pues te harán recordar que la vida está llena de cosas importantes y bonitas que están ahí a tu disposición.
- Medita, siente tu cuerpo, hazte consciente de tu energía, siente todo tu ser y todo lo que implica. Date permiso de expresarte, sin pensar en el "qué dirán".
- Mantén contacto con la naturaleza y recuerda su grandeza. No permitas que tu mente se limite, al contrario, expándela

al hacerle saber que a nuestro alrededor hay disponible para nosotros mucho más de lo que podemos imaginar.

CUIDAR NUESTRO CUERPO

Muchas veces nos enfocamos tanto en nuestros pensamientos y emociones que se nos olvida que también tenemos un cuerpo, y lo dejamos de lado. Sin embargo, éste todo el tiempo nos habla; por medio de síntomas y sensaciones nos muestra cómo se siente. La memoria de nuestro cuerpo es muy vasta, por eso hay una gran diferencia entre cuando le hablamos bonito o cuando lo hacemos desde el miedo y el odio. Así que hay que tratarlo bien.

Piénsalo de la siguiente manera: no serás el mismo si duermes en el piso —sin almohada, sin sábanas, sin cobija, sin nada— a si lo haces en la mejor cama de un hotel, con las mejores sábanas y almohadones. Obvio tu descanso no será igual ni te sentirás de la misma manera al despertar, a pesar de que en ambos estás cumpliendo tu requerimiento de sueño. Lo mismo sucede con tu cuerpo y con otras áreas relacionadas con éste. Te responderá de acuerdo con cómo lo estés tratando. Así que ya lo sabes, hay que cuidarlo, y para lograrlo, te comparto mis consejos básicos que te permitirán comenzar a moverlo de maneras amorosas.

1. Bailar

Quiero hacer hincapié en que esta actividad no tiene el objetivo de que te tonifiques o bajes de peso —que es algo que, por supuesto, puede ocurrir—, sino que lo recomiendo porque nuestro cuerpo también se estresa y tiene sus momentos malos, por lo que moverlo hará que se sienta más cómodo, libre, contento, que disfrute y se divierta; es decir que la motivación es distinta a si lo hacemos porque queremos mejorar su aspecto (otra motivación igual de válida, sólo que en este punto que te planteo no es el objetivo).

Principalmente, lo que queremos es que tu cuerpo comience a vibrar bonito, que incremente su frecuencia. Una forma para conseguir esto es por medio del baile. Bailar por el placer y la alegría que te da hacerlo. Es muy común que me pregunten: "Oye, Karla, ¿cómo tengo que bailar o qué clase de música debo usar?". La respuesta es sencilla: la que tú quieras, aquella que te cause mucha felicidad. Hay muchas maneras de hacerlo: puedes usar tutoriales de YouTube, o ponerte a bailar mientras haces el quehacer de tu casa. También puedes utilizar algún videojuego en el que tienes que replicar los movimientos del avatar que está en pantalla, esta opción es muy buena si tienes hijos pequeñines en tu casa o *gamers* muy kinestésicos. Puedes inscribirte a clases de baile o, tal vez, una de las más comunes es que lo hagas al asistir a alguna reunión en la que bailar sea parte del ambiente fiestero. Lo importante, repito, es que te permitas sentir alegría y gozo; por lo que, si bailar te estresa o te incomoda, puedes comenzar haciéndolo sola o solo.

2. Estirarte

Para hacer esta actividad no es necesario inscribirte a clases de yoga o taichí, ni tampoco tienes que ser toda una contorsionista, para nada. Tal vez lo más práctico es que busques tutoriales en YouTube. Ahí encontrarás un montón de rutinas, tanto breves como extensas, y para los fines que tú quieras: para comenzar el día, para dormir mejor, para ayudarte con alguna dolencia física.

3. Caminar

Además de que esta actividad moverá tu cuerpo, obvio, podemos añadir otros elementos para que se vuelva más significativa. Por ejemplo, podemos ir escuchando un podcast o alguna canción que nos levante el ánimo o nos tranquilice. También podemos hacer esta caminata en compañía de alguien más y disfrutar de la conversación. Un gran reto sería usar esa caminata para desconectarte del mundo virtual, es decir que la realices sin ningún dispositivo (como celular, cámara o música). Sólo tú y tu entorno. Una muy buena práctica que te ayudará a pensar y reflexionar más a profundidad sobre ciertos temas o cambios que quieres hacer en tu vida. También, puedes usar esa caminata simplemente para practicar la contemplación, para maravillarte por todos los detalles, por las pequeñas cosas que puedas ir descubriendo en el camino: el arbolito, el animalito, las flores, la persona que está caminando delante de ti, etcétera (si sientes la necesidad de escribir tus impresiones, hazlo, no te quedes con las ganas).

4. Nadar

Si tienes la posibilidad de asistir a alguna alberca cercana, no te pierdas la oportunidad. Nadar provoca que tu cuerpo se mueva por completo y es una manera muy bonita de tratarlo.

5. Alimentación

Aquí el punto es que te alimentes de la mejor manera posible. Obvio que hay especialistas que pueden ayudarte a alimentarte mejor, si puedes pagar uno de ellos, es lo ideal, pero hay que ser honestos con nosotros mismos: muchas veces sabemos cuál es la comida que nos conviene y cuál no. De antemano sabemos que los alimentos procesados, altos en azúcares, con mucha grasa (los refrescos, los dulces, etcétera) no causarán buen efecto en nuestro organismo. Y la verdad, tenemos que ser congruentes pues, ¿cómo esperamos sacar lo mejor de nuestra mente y de nuestro cuerpo si no les estamos dando una buena fuente de energía?

6. Baños de miel

Recuerda que en la introducción de este libro te expliqué un poco más sobre esto, aquí sólo quiero comentarte que a mí me gusta hacer estos baños de miel al menos dos o tres veces a la semana, sobre todo cuando sé que no me siento muy bien o de la mejor manera. La verdad es que siempre me ayudan a sentirme mejor por lo que te los recomiendo ampliamente.

7. Masajes

Yo sé que no todos tienen la posibilidad de poder pagar un masaje, pero hacerlo es recomendable. En mi caso, cuando siento que no estoy fluyendo en mi trabajo, que mis ideas no están fluyendo de la mejor manera, o que no me siento tan contenta o conectada conmigo misma, me doy la oportunidad de ahorrar y pedir un masaje para sentirme mejor y, de verdad, aunque parezca increíble, me ayuda muchísimo. Tiene en mí un efecto muy fuerte, es algo que siento desde el inicio del masaje: me llegan un montón de ideas, experimento estados de mucha claridad, me llegan las soluciones a problemas o situaciones que tengo que resolver e, incluso, encuentro cosas que no sabía que estaba buscando, me hago consciente de muchos aspectos que no estaba considerando. Por eso, casi al terminar el masaje, me siento y me pongo a escribir todas estas "revelaciones" y corazonadas que viví durante la sesión.

Si en este momento no son opción debido al costo u otra razón, te invito a pensar qué alternativa te podría funcionar. Por ejemplo, podrías decirle a tu pareja, a alguno de tus hijos o a alguien de tu confianza que te dé uno. Puede ser en todo el cuerpo, sólo en los pies, en la cabeza, en las manos; incluso si no encuentras a nadie o las circunstancias no te lo permiten, tú misma, tú mismo, date un masaje. En la mayoría de las tiendas naturistas venden aceites aromáticos que son muy buenos para los masajes. Claro que, si tienes la oportunidad, también hay tiendas especializadas en aromaterapia que venden esencias y aceites que huelen muy bien y que tienen efectos muy puntuales: los hay para el cansancio, para la concentración, para la quietud, para el equilibrio, para la paciencia, en fin, la gama es muy amplia.

8. Descanso

Aunque todos sabemos que es súper importante descansar bien, para poder rendir en nuestras actividades diarias, muchas veces se nos olvida, sobre todo porque estamos inmersos en una sociedad en la que el trabajo duro se privilegia sobre el ocio, pero tenemos que hacernos conscientes de que darle el debido descanso a nuestro cuerpo es un acto de amor propio. A través de los cursos y clases que he impartido sobre el uso de la energía personal, cuando platico sobre la importancia de descansar y de darnos tiempo de relajación y ocio, muchas veces me encuentro con personas que me dicen: "Híjole, Karla, ¿sabes qué? Es que no puedo estar sin hacer nada. Si no estoy al mil por hora, siento que estoy desperdiciando mi tiempo". Y pues son personas que no pueden tomarse vacaciones, que les cuesta mucho trabajo quedarse en la cama o en el sillón viendo una película. Y es que después de meses, semanas y días de un ajetreo intenso o de mucho trabajo, siempre es bueno hacer una pausa para tomarse un descanso. Como esos días en que no te quitas la pijama y te pasas las horas en la cama viendo la televisión o leyendo tu libro favorito. Créeme, tu cuerpo te lo agradecerá.

Pero si eres de esas personas a las que les cuesta detenerse para descansar y sientes mucha incomodidad cada vez que te tomas un tiempo libre, no te preocupes, es completamente normal. Más adelante vamos a trabajar con el merecimiento personal, lo que nos ayudará a que cambiemos las ideas preconcebidas que tenemos relacionadas con el trabajo y el descanso. Así que mi recomendación es que no te agobies, mejor sigue avanzando en la lectura del libro.

Basándome en lo que dice la Organización Mundial de la Salud (OMS) es recomendable que los adultos durmamos de siete a ocho horas diarias para poder conservar nuestra salud. Algunos de los beneficios de dormir bien son los siguientes: las células de la piel se regeneran con mayor facilidad; se combate el estrés, la irritabilidad y la depresión; aumenta la resistencia del cuerpo a enfermedades; se reduce el cansancio; la vista descansa y se regenera tras el esfuerzo diurno; se favorece el proceso de crecimiento y desarrollo personal. Por el contrario, si dormimos poco o no muy bien, ciertos padecimientos comenzarán a manifestarse en nuestro cuerpo: aumento en el riesgo de enfermedades cardiacas, alteración nerviosa, aumentan las ganas de comer, existe mayor riesgo de padecer cáncer, así como los trastornos de sueño más comunes: insomnio, síndrome de apnea obstructiva del sueño, sonambulismo e hipersomnia (tener mucho sueño y cansancio durante el día). Como ves, es súper importante dormir lo necesario para que nuestro cuerpo pueda tener buena salud.

También tienes que tomar en cuenta que el descanso se realiza por etapas o fases. Muchas personas no consiguen llegar a todas las etapas y por eso tienen mayor número de afectaciones y padecimientos. Prácticamente, existen cinco fases del sueño:

1. *Somnolencia*: nuestro cuerpo comienza a calmarse. Nuestra respiración se suaviza, los músculos se relajan. Normalmente dura entre 5 y 10 minutos.
2. *Sueño superficial*: la temperatura disminuye, los sentidos se bloquean y las ondas del cerebro se regularizan. Más o menos dura 30 minutos.
3. *Sueño medianamente profundo*: las ondas cerebrales aumentan de tamaño y son más lentas. Las funciones corporales son más pausadas. Dura unos cinco minutos.
4. *Sueño profundo o delta*: se entra a la inconsciencia. Las ondas del cerebro son muy largas y suaves, la respiración disminuye su frecuencia. Aquí es donde se repara, en gran medida, la salud física y mental.
5. *Sueño REM (por sus siglas en inglés: Rapid Eye Movement)*: se producen los sueños. El cerebro trabaja bastante en esta fase y capta mucha información de nuestro alrededor.

La fase 4 es la más importante porque es en la que se lleva a cabo la mayor reparación corporal y mental.

¿Qué puedes hacer si te cuesta trabajo dormir? Primero, tienes que saber que dormir bien requiere esfuerzo y disciplina. Aprender a decir no a ciertas actividades y priorizar nuestras horas de sueño es un buen comienzo. Para esto, yo te aconsejo que saques ventaja de la tecnología: pon una alarma para dormir o activa la función de hora de dormir (la cual hace que tu pantalla cambie a blanco y negro, y desactiva los sonidos). Te conviene hacer una rutina para que ir a dormir se convierta en un hábito. Tal vez puedes comenzar con bañarte, ponerte una crema que huela rico, usar aromaterapia en tu cuarto, configurar tu celular en modo avión, apagar los aparatos electrónicos, meditar antes de dormir, poner música relajante, en fin, ideas y formas hay muchas. Yo te comparto algunas, pero te toca a ti descubrir cuáles son las que mejor te funcionan.

LA HISTORIA CON MI CUERPO

Quiero contarte parte de la experiencia que he tenido con mi cuerpo. Como la gran mayoría de personas, crecí creyendo que la mayor meta que podía tener respecto a mi cuerpo era bajar de peso. Que no lo iba a lucir hasta que tuviera la complexión de una modelo, por lo que usé toda mi energía y mis esfuerzos para ocultarlo hasta que llegara el día en que consiguiera la figura deseada, aquella que sería digna de ser mostrada al mundo. En ese entonces, creía que tenía todo el derecho de exigirle cualquier cosa, tratarlo mal, juzgarlo y criticarlo. No tenía la más mínima idea de que todas esas acciones iban a repercutir en él. Ignoraba por completo que la clave para estar en paz con él y conmigo misma en todos los aspectos comenzaba con la relación que tenía con mi cuerpo. No sabía lo importante que es amarlo, cuidarlo, respetarlo y darle cariño, pues no es un costal de papas al que sólo se le exige. La verdad es que, por nuestro contexto sociocultural, muchas veces subestimamos la importancia de nuestro cuerpo físico.

Y como mi historia, sé que hay millones. Desde hace varios años me dedico a ayudar a que las personas mejoren su relación con la comida, con su cuerpo y con ellas mismas y, después de estar cerca en el proceso de miles, entendí que la culpa, el rencor y el miedo que vivimos sí tienen un impacto en nuestra alimentación y, como efecto secundario, en nuestro cuerpo.

EL CÍRCULO VICIOSO DE LA APARIENCIA

Cuando no amamos a nuestro cuerpo y le exigimos mucho, podemos caer en un círculo vicioso del que difícilmente podremos salir. A continuación, y con el objetivo de ayudarte a reflexionar sobre el tema, te voy a explicar las cuatro fases principales de este proceso del círculo vicioso.

1. Obsesión por verte y sentirte diferente
Por más que consigas resultados buenos en relación con tu cuerpo, éstos nunca serán suficientes, pues muchas veces partimos de una mentalidad absolutista en la que es todo o nada. Tengo el cuerpo perfecto y soñado o no lo tengo. Por supuesto que esto hará que nos sintamos incómodos y, por ende, estaremos imposibilitados de agradecer por nuestros logros, sean grandes o pequeños. Esto nos causará inseguridad, por lo que nos detendremos de hacer muchas cosas, como ir a la playa, usar manga corta o simplemente mostrar partes de nuestro cuerpo. Y al privarnos de hacer eso, vamos a sentirnos no merecedores: vamos a pensar que no merecemos casarnos o estar con alguna pareja, no vamos a permitir que nos tomen fotos ni videos, no vamos a disfrutar esas vacaciones. Con mucha dificultad, agradeceremos por nuestro cuerpo, por lo que nos sentiremos incómodos. No vamos a permitir que nos halaguen.

Esta obsesión puede presentarse de diversas maneras. Una de las más frecuentes es cuando las personas comienzan a seguir en las redes sociales muchas cuentas que tienen que ver con alimentación o ejercicios, pero yéndose al extremo de pesar cada alimento que consumen, de leer con mucho cuidado todas las etiquetas y de no comer o beber nada que no esté autorizado en su régimen alimenticio. Por supuesto que esto está bien para desarrollar la disciplina, pero el problema es cuando el proceso se vuelve doloroso e inflexible.

También está la etapa de la ropa. Hay personas que se deshacen de todas las prendas que muestran las partes de su cuerpo que no les gustan, como sus brazos o piernas y, por semanas, meses o años, jamás muestran en público ni en presencia de otras personas sus cuerpos o esas partes de ellos. A veces, esto se convierte en un castigo, pues, aunque tengan calor o estén incómodas, prefieren estar así a aceptarse y ver las supuestas imperfecciones de su cuerpo.

Otra fase es la de las fotos. Cuando alguien está enemistado con su cuerpo, hará todo lo posible por no salir en fotos, ni mucho menos tomárselas ellos mismos. Son personas que se pueden alterar con gran facilidad, enojarse o deprimirse si alguno de sus amigos o familiares sube fotos a las redes sociales, donde no les guste cómo se ven ahí.

2. Jamás te aceptas como eres

No importa qué hagas o qué esté pasando, crees que sólo te aceptarás hasta que tu cuerpo cambie de manera radical y, al mismo tiempo, sabes que dicha transformación tomará muchos años, por lo que te abrumas y te cuesta trabajo disfrutar del proceso. Todo intento y esfuerzo te parecerá inútil y vano.

En esta fase siempre se apuesta por el futuro. Relegamos actividades, las condicionamos hasta que nuestro cuerpo cambie. Comúnmente escucho comentarios como "no me voy a casar hasta que baje siete kilos" (y se compran un vestido de una talla más pequeña para obligarse a bajar de peso), "no voy a viajar a la playa hasta que tenga el cuerpazo que quiero", "nunca iré a tal lugar porque por el clima implica ponerse short y me da vergüenza mostrar mis piernas", y un largo etcétera. Si bien fijarse objetivos y cambiar es algo que aliento, muchas veces se cae en la obsesión del cambio por el cambio, pues a pesar de haber conseguido el objetivo, la inconformidad sigue. Por ejemplo, si alguien dice que no usará tal ropa hasta que baje tantos kilos, cuando los baja, vuelve a decir lo mismo, a pesar de ya estar en su peso ideal, y se convierte en la carrera interminable.

3. Métodos llenos de odio

Recuerdo que, en algún punto de mi vida, me sometía a dietas estrictas que no disfrutaba. Hacía rutinas de ejercicio que no honraban a mi cuerpo, lo llevaba al límite o abusaba de sus capacidades. Por ejemplo, si yo sabía que tenía que hacer 10 abdominales, hacía 18. A pesar de que me dolía el cuerpo y comenzaba a marearme. Siempre incrementaba el número de repeticiones o de tiempo para hacer un ejercicio. Y si yo sentía que no podía más, me decía a mí misma "una más, pues esta panza no se va a bajar sola". Y aunque lograba ciertos resultados, como aún no llegaba a mi meta, me criticaba a mí misma. Es decir, si me objetivo era bajar siete kilos y bajaba dos, me sentía igual de gorda que al principio del proceso. Muchas veces ni siquiera podía verme en un espejo, ya que en cuanto me miraba comenzaba a hablar mal de mi aspecto.

Fueron procesos muy dolorosos, llenos de odio y de cosas que no diríamos en voz alta, cosas que no le desearíamos a nadie.

Es cierto que muchas veces, cuando queremos transformar nuestro cuerpo, le damos tanta importancia a la parte del ejercicio, que se nos olvida que la alimentación también es súper necesaria, sobre todo cuando tenemos adicción a cierto tipo de comida y no nos damos cuenta. Yo te aconsejo que pongas atención a cuál es la comida chatarra o no saludable que comes con regularidad y trates de disminuir su consumo, pero hazlo amorosamente. He conocido a muchas personas que tratan de hacerlo, pero desde el odio. Saben qué alimentos no les hacen bien y, cada vez que los comen o que se les antoja comerlos, sienten una culpa terrible, mucha vergüenza, o se insultan por haber tenido esos antojos. Nunca elijas un método basado en el odio, pues no son compasivos (difícilmente te harán sentir bien).

4. Procesos dolorosos conducen a resultados dolorosos

Si tu proceso estuvo lleno de dolor, culpa, vergüenza, angustia, no esperes obtener, por arte de magia, resultados que se sientan llenos de amor, dulzura, paz y comprensión. Siempre vamos a cosechar aquello que sembramos.

Y justo este punto 4 hará que regresemos al 1, pues al no gustarnos y no sentirnos bien con los resultados que obtuvimos, no nos vamos a ver con agrado.

Al no vivir en esa armonía o en ese amor, vamos a comenzar de nuevo con la obsesión por vernos y sentirnos de otra manera. Muchas veces en este punto, podemos presentar dismorfia corporal, pues muy probablemente sí hayamos hecho algo de progreso, pero como no se cumple la expectativa tan alta o irreal que nos formamos en nuestra mente, nos rendimos. Incluso podemos abandonar el proceso porque no aguantamos ese régimen tan demandante, y es que nuestro cuerpo no está hecho para recibir ese odio ni para sufrir. No es una cuestión de voluntad o de disciplina, sino más bien de amor propio y de entendimiento, de que grandes resultados requieren grandes esfuerzos, pero estos esfuerzos deben ser constantes y amorosos. El que tu proceso esté lleno de amor hará que sea más fácil mantenerte constante. Recuerda que una gota de agua no perfora una piedra por su fuerza o grandeza, sino por su constancia. Por eso, mejor piensa que: "Procesos amorosos nos llevarán a resultados amorosos".

Aguantamos procesos espantosos y dentro de nosotras decimos "ojalá que el resultado se sienta magnífico", pero no lo será, por lo que volveremos a comenzar con el círculo vicioso, con aún más obsesión, desesperación y más cosas que de seguro ya has vivido. Al idealizar el resultado y querer obtenerlo a toda costa, causamos que nuestro proceso esté lleno de culpa, vergüenza y castigos. En otras palabras, romantizar la meta hará que tratemos mal a nuestro cuerpo. Siempre ten en mente que pequeños avances, en un proceso amoroso y comprensivo, harán que lleguemos a nuestro objetivo.

AMANDO A NUESTRO CUERPO

Comencemos con un ejercicio. Haz una pausa y escribe eso que le haces a tu cuerpo, o las actividades en las que lo involucras de una manera no tan amorosa. Te comparto algunos ejemplos: criticarlo cuando lo ves al espejo, juzgarlo cuando te tomas alguna foto o cuando te estás probando una prenda nueva, lastimarlo con miradas, comentarios, movimientos, laceraciones, cortadas, quemaduras o sobrealimentándolo.

....

....

....

....

....

....

....

Respecto al último punto, lo que sí te puedo decir es que muchas veces, comer en exceso se justifica como un acto de amor y cuidado propio, pero en realidad no lo es, sobre todo cuando sabemos que tenemos problemas gastrointestinales como gastritis, colitis, inflamación, acidez, agruras y más. Recuerda que todos los síntomas fisiológicos son llamadas de atención, focos rojos que nuestro cuerpo nos envía para evidenciar que algo no está bien. Lo mismo aplica en el extremo contrario, cuando dejamos de comer porque sentimos que debemos hacerlo como una especie de castigo porque el día anterior comimos de más, porque tenemos sobrepeso o simplemente porque no nos sentimos merecedores de algo bueno o, tal vez, porque ese dolor autoinfligido nos da una falsa sensación de control.

En verdad, date permiso de ser honesta contigo misma, contigo mismo, y escribe todo lo que consideres necesario expresar. Sácalo sin miedo, sin recelo, sin inhibiciones. Al final, sólo tú lo leerás. Después de terminar el ejercicio, puede que te sientas mal al recordar o hacerte consciente del daño que le has hecho a tu cuerpo. Es totalmente natural sentirnos así. Nos puede dar vergüenza, hasta podemos sentir miedo de nosotros mismos. Hay que tener mucho cuidado con estas emociones porque nos pueden ofuscar y provocar que creamos que necesitamos ser castigados. Pero no, respira profundo y concéntrate en los aspectos más positivos de ti o en aquellos que te causen dicha y bienestar. En el fondo, sabes que ese maltrato hacia ti misma, hacia ti mismo, no se siente bien.

Respira y acepta la siguiente información: mereces disfrutar de tu comida, sin importar tu peso o lo que hiciste ayer. Mereces mover tu cuerpo de maneras que te llenen de alegría y que en verdad lo disfrutes. Mereces disfrutar de la vida sin hacerte sentir menos por cómo se ve o se siente tu cuerpo en este momento. Los castigos nunca son el camino, en lo que sí puedes concentrarte es en mejorar tu vida.

Claro que no todo es perfecto, pues en el Universo existen las energías positivas y negativas, pero recuerda que cada uno de nosotros elegimos lo que creemos que nos merecemos. ¿Y qué tal si ya es el tiempo de sentirte merecedora? ¿No crees que ya es hora de dejar viejos esquemas de comportamiento? ¿Y si tal vez ya estás lista o listo para cambiar tu vida? ¿Y qué tal si la razón por la que no llega lo nuevo a tu vida es porque no dejas ir lo viejo? ¿No crees que es momento de comenzar a disfrutar esa vida que tanto deseas? Reflexiona en estas preguntas y comienza a manifestar la vida que quieres.

APRENDER A SOLTAR: TRABAJANDO CON EL DESAPEGO

Muchas veces por comodidad, por miedo o simplemente por inercia, nos aferramos a nuestras viejas versiones, y vengo a decirte que ya es el momento de soltarlas y dejarlas ir. Pese a que sé que nuestra relación con nosotros mismos puede ser compleja —estoy segura de que has vivido tantas cosas—, a mí en lo personal, lo que me ha ayudado a darme paz es empujarme a soltar viejas ideas que tenía de mí y de mi cuerpo.

Y es que muchas veces, dejamos que nuestro pasado nos defina. Durante nuestra infancia, cuando estábamos pequeños, alrededor de los ocho o nueve años, cuando comenzamos a formarnos "ideas sólidas del mundo", adoptamos muchas definiciones de nosotros mismos como verdaderas e inamovibles, definiciones que muchas veces provienen de opiniones externas o del "qué dirán", así como de los lineamientos sociales que están de moda. Dejamos que errores que cometimos nos definan. Arrastramos con vivencias no tan positivas en las que nos sentimos como víctimas y muchas veces creemos que los demás nos ven de la misma manera, o que las personas que estuvieron involucradas en dicha vivencia nos ven de la misma forma, cuando es muy probable que ni se acuerden de lo que pasó. Por ejemplo, si a una versión tuya del pasado le dieron un balonazo, y tú recuerdas que fue una experiencia vergonzosa, así la ves y así la recuerdas, por lo que sigues dejando que te defina.

Para romper esos esquemas, lo que yo hice fue una tablita como la siguiente:

Lo que pasó:	Cómo te tratas por eso que pasó:	Lo que podría pasar si lo sueltas:
Te dieron un pelotazo cuando estabas jugando beisbol.	Esa experiencia te hizo sentir tan humillada que en público o en privado piensas que eres malísima o malísimo para los deportes, por lo que dejas de practicarlos y, por ende, dejas de mover tu cuerpo.	Podrías descubrir que ésa fue una experiencia aislada, que en realidad tú amas ver o practicar algún deporte, que disfrutarías de una nueva etapa increíble en tu vida si te permitieras superar esa experiencia; además, fortalecerías tu cuerpo y mejorarías tu salud.
Hace muchos años cometiste un error en tu trabajo.	Adoptas una actitud cabizbaja y derrotista, por lo que prefieres no involucrarte mucho ni intentas destacar, pues	Encontrarías un trabajo que te súper apasione, uno en el que uses tu creatividad para innovar. Al desarrollarte en ese

Lo que pasó:	Cómo te tratas por eso que pasó:	Lo que podría pasar si lo sueltas:
	tienes miedo de cometer un error nuevamente.	ambiente, disfrutarías cada día de tu trabajo, te sentirías con mucho entusiasmo y alegría, lo que, por consecuencia, haría que crezcas aún más.
Tu expareja te fue infiel.	Te sientes menos por lo que viviste y, cada vez que tienes oportunidad, te confirmas a ti misma y a los demás, que ya no existen personas fieles. Estás segura de que estando sola estarás más feliz.	Te permitirías encontrar a una pareja fiel y amorosa con la que vas a pasar increíbles momentos llenos de felicidad.
Estuviste en un entorno en el que te hicieron sentir que tus ideas u opiniones no eran suficientes.	Te haces menos y sueles guardar silencio porque sigues creyendo que no es suficiente lo que sientes o piensas.	Creerías y confiarías en ti y en tus ideas. Tendrías esa vida que siempre soñaste, por lo que entenderías que eres lo suficientemente buena o bueno para vivirla y disfrutarla.

Ahora vas a hacer lo mismo. Basándote en la tablita anterior, reflexiona en todas esas versiones tuyas que aún sigues cargando. Date permiso de hacerlo con honestidad, desde la más obvia hasta la más recóndita. No te restrinjas y déjate sorprender por todo lo que vas a descubrir de ti.

¡Mucha suerte! ¡Éxito!

Lo que pasó:	Cómo te tratas por eso que pasó:	Lo que podría pasar si lo sueltas:

*Si prefieres, puedes escribirlo en otro espacio.

APRENDIENDO A PEDIR AL UNIVERSO

Para esta sección, me gustaría comenzar con la siguiente pregunta: ¿cómo le pides al Universo manifestar cosas increíbles para ti, si ni tú misma eliges lo mejor para ti? Créeme, yo sé que comenzar a elegir lo mejor a veces es complicado. Piensa en lo siguiente, ¿cuántas veces tenemos guardadas muestras de shampoo, perfumes, cremas o bálsamos, que no usamos y que conservamos para una mejor ocasión, pues creemos que aún no es el momento indicado? Tranquila, yo también viví eso y entiendo ese miedo de "qué tal que después no tengo suficiente", "no tengo el tiempo de experimentar productos nuevos, los que ya tengo me funcionan muy bien".

Aunque ese ejemplo con las muestras puede parecer muy básico, nos sirve para entender la idea, ya que muchas veces hacemos lo mismo cuando se trata de oportunidades, personas, vivencias y otras cosas. Comúnmente sabemos que hacer una llamada telefónica o enviar un correo electrónico hace la diferencia en algún resultado que esperamos obtener, y que todo cambiaría con una simple acción; sin embargo, muchas veces no lo hacemos pues creemos que no es el momento adecuado o correcto para hacerlo. Nos decimos "por ahora no, pero cuando mi proyecto florezca sí que lo voy a hacer", "lo haré después, ya que esté mejor preparado", "es una muy buena oportunidad, pero por el momento no lo haré, ya que aún no me siento listo". Lo malo es que aplazarlo nos lleva a la inacción, y esto puede hacernos perder grandes oportunidades que, muchas de las veces, no se repetirán. Esta clase de pensamientos equivale a guardar las muestras de productos. Esas muestras algún día caducarán y, cuando lo hagan, de seguro pensarás: "Híjole, ¿por qué no las usé y las disfruté antes?".

Todo lo anterior a mí me hizo entender que el Universo es muy vasto y abundante y que siempre nos lo está demostrando, pero si no usamos esas oportunidades, si no aprovechamos los regalos que nos envía, sino que, al contrario, los rechazamos, ¿por qué o para qué el Universo nos enviaría más y mejores cosas? Sé que a veces nos cuesta invertir en nosotros mismos, y que creemos que ir a terapia, comprar alimentos nutritivos o empezar una capacitación, no es más que un gasto. Cada vez que me invaden esos pensamientos, a mí me funciona mucho hacer una pausa para respirar profundamente y usar las siguientes, o algunas de éstas, afirmaciones:

1. Soy valiosa y merezco invertir mi tiempo y recursos en mí y en lo que es importante para mí.

2. Para que las personas a mi alrededor estén realmente bien, yo necesito estar muy bien.
3. Me doy permiso de disfrutar cada vez que invierto en mí.
4. Merezco vivir bonito.
5. Lo que invierto en mí se multiplica siempre en abundancia para mí y para los que me rodean.
6. Me siento cómoda y amada cuando yo o los demás invierten en mí.
7. Me es fácil ver e identificar las bendiciones y ventajas de invertir lo mejor en mí.
8. Le agradezco al Universo por mostrarme lo posible, lo fácil, lo divertido, lo amoroso o lo sencillo que es invertir en mí.

LA SALUD LO ES TODO

Sin nuestro cuerpo y una buena salud, no tenemos nada. Sé que por diferentes circunstancias podríamos padecer alguna enfermedad, y si en este momento estás luchando por recuperar tu salud o mantenerte lo mejor posible, te mando un abrazo y quiero decirte que lo estás haciendo lo mejor que puedes. Y a propósito de esto, te voy a contar una experiencia que mi familia y yo vivimos hace un año con mi papá.

Mi papá tuvo un accidente cerebrovascular que fue agravándose poco a poco. De repente, un día se empezó a sentir un poco mal, su habla y sus movimientos comenzaron a cambiar y, en una semana, ya no pudo hablar más, no pudo caminar y perdió por completo la movilidad en un brazo. Esto nos causó un gran desconcierto a mi familia y a mí ya que sucedió muy rápido. Todo cambió de un día para otro: de tener a nuestro papá sano y muy activo, en un dos por tres lo vimos decaer. Es muy fuerte pasar por esto, pues, aunque ahí estaba físicamente, ya no nos podíamos comunicar con él. Este episodio nos recordó que en verdad existen cosas muy importantes en la vida, que muchas veces no valoramos porque las damos por sentado.

Yo crecí en un ambiente en el que me decían que la buena nutrición y mover nuestro cuerpo es de suma importancia. Sin embargo, yo veía a mis padres, quienes eran mi ejemplo inmediato, y me daba cuenta de que sus hábitos no eran muy buenos que digamos. Esa incongruencia me causó mucho conflicto, pero como veía que mis padres tenían ciertos hábitos y no les pasaba nada, yo me decía "para qué me esfuerzo en comer bien o en hacer ejercicio si mis padres no lo hacen y yo los veo muy bien. No hay necesidad de sacrificarme tanto, no necesito cambiar nada ni moverle a nada". Pero cuando pasó el incidente con mi papá, me di cuenta de que los buenos hábitos sí que importan mucho. El hecho de que los efectos de los buenos o malos hábitos no se manifiesten de manera inmediata, no significa que no nos benefician o afectan. Todo tiene consecuencias, buenas o malas. Recuerda: cosechamos aquello que sembramos. Así que ya lo sabes: sí importa que nos alimentemos bien, sí importa que hagamos ejercicio, sí importa que trabajemos en nuestra flexibilidad; cada pequeño cuidado hacia nuestro cuerpo en verdad que hace la diferencia.

LO QUE NOS DECIMOS IMPORTA DEMASIADO

Tengo que reconocer que mi mamá ha hecho un esfuerzo hermoso en echarle todo el amor y todas las ganas a la rehabilitación de mi papá, en tratarlo bien. Me consta que siempre lo alienta, le dice que él sí puede y que claro que volverá a caminar, a hablar y a expresarse. Y esto te lo cuento para que veas el enorme efecto que tratarnos bien, que hablarnos bien, puede causar en nuestro cuerpo. Si bien mi papá no ha recuperado su habla al cien por ciento, sí que se le entiende más lo que dice. Además, poco a poco y con ayuda, ya está dando unos pasos, cosa que creemos que no hubiera sido posible sin el amor que lo rodea. Y todo esto ha sucedido en contra de todo pronóstico médico, pues la mayoría de los doctores que lo diagnosticaron nos dijeron que su esperanza de vida era breve, y que sería muy improbable que volviera a hablar, ni qué se diga de caminar de nuevo. Sin importar lo que estemos pasando, la manera en la que nos tratamos y nos apoyamos, tanto nosotros mismos como nuestro círculo de apoyo, tiene un efecto poderosísimo en nuestra salud física.

SIN NUESTRO CUERPO Y UNA BUENA SALUD, NO TENEMOS NADA

Aunque ya hemos hablado al respecto, no quiero perder la oportunidad de hacer énfasis en que muchas veces tenemos un sinnúmero de bendiciones en nuestra vida, pero no las vemos. Damos por sentado que podemos caminar, comer, respirar, brincar, dormir, elegir qué queremos hacer. Despertar cada mañana y podernos levantar es una gran bendición. Por ello sugiero no darle espacio al odio o a la ingratitud, no podemos dejar que esa clase de emociones negativas nos gobiernen.

Siempre ten en mente que hoy tú tienes la habilidad y la posibilidad de hacer muchas cosas que das por sentado. Ve todo esto como una bendición y agradece por ello: hónralo, respétalo, quiérelo.

Dale las gracias a tu cuerpo por todo lo que te permite hacer día a día. Simplemente intenta darle lo mejor. De manera gradual, poco a poco, podemos ir haciendo ciertos cambios. Por ejemplo, si en un fin de semana te tomabas 20 cervezas, tal vez el próximo sean 15, y en un mes sean 13; lo mismo puedes hacer con cualquier bebida embriagante o alta en azúcares, como los refrescos. Si acostumbrabas a fumar 10 cigarros al día, tal vez cada semana puedes ir bajando la cantidad hasta que llegue a un número mucho menor o incluso a cero, si tu intención es dejarlo por completo. Si antes nada más dormías cuatro horas y tu hora de dormir la dejabas al ahí se va, ahora ve incrementando tus horas de sueño y establece una hora para irte a dormir. Éstos son tan sólo unos ejemplos, pero el punto es que cada vez que vayas a hacer algo que no es del todo favorable a tu cuerpo, recuerdes todo lo que él hace por ti, y te hagas más consciente de las consecuencias. Siempre ten presente que los extremos no son benéficos, que todo el tiempo tenemos que encontrar el equilibrio y, si esta búsqueda de encontrar el punto medio te está costando trabajo, no te presiones ni te sientas mal, siempre trátate con amor y comprensión.

GRATITUD

TU CUERPO ES TU MEJOR ALIADO

ACTIVIDAD

Antes de comenzar con esta práctica, te voy a pedir que hagas una pausa, y que vayas y entres a un baño, te laves las manos, te laves la cara, en fin, que busques la manera de refrescarte. Incluso, si tienes la oportunidad de hacerlo, lo más recomendable es que hagas una caminata breve para reflexionar, regreses, te bañes y, sólo entonces, continúes con el siguiente ejercicio.

Escribe al menos tres partes que no te gustan de tu cuerpo. Sé que no es fácil, pero confía en mí, sé tan clara o claro, y honesta u honesto como puedas. Ahora bien, si no te sientes cómoda o cómodo escribiendo en este espacio, hazlo en unas hojas sueltas que, una vez que finalices con el ejercicio, podrás romper o quemar.

Adelante, comienza con el ejercicio:

....

....

....

....

....

....

....

....

....

....

Al terminar, dale una leída y, cuando acabes, vas a seguir con la segunda parte de este ejercicio. Escribe todo lo que esas tres partes de tu cuerpo te hacen porque, si tú les haces tantas cosas, seguro se debe a que se lo merecen, ¿verdad? Escribe todas esas cosas espantosas que tu cuerpo, día con día, te hace, ese plan malévolo que realiza en tu contra, en especial esas tres partes. Por favor, tómate el tiempo de escribirlo, haz este ejercicio:

....

....

....

....

....

....

....

....

....

....

Ahora que ya terminaste, me gustaría conversar contigo. Claramente no sé qué escribiste, pero como yo ya he hecho este ejercicio y también lo he aplicado con cientos de estudiantes, tal vez coincidas con algunas de las expresiones más comunes o recurrentes: "Karla, lo que mi cuerpo me hace para molestarme o lastimarme, es que se ve de cierta manera", y mi respuesta siempre es: "¿Y no crees que más bien ése es el resultado de lo que tú le das y le haces?", y se quedan calladas o callados. Les pido que se pongan a reflexionar profundamente para que encuentren algo que su cuerpo les haga que de verdad merezca o sea la razón para tratarlo mal. Después de hacer esta introspección por largos momentos, descubren que su cuerpo, en sí, nunca les ha hecho nada, sino todo lo contrario: a pesar de cómo lo tratan, siempre está dispuesto a dar lo mejor de sí para que vivan de la mejor manera. Se dan cuenta de que esas cosas que les molestan de su cuerpo son consecuencias de sus elecciones y de su estilo de vida. Tu cuerpo no elige engordar de la noche a la mañana, si en tus hábitos alimenticios está comer mayormente alimentos procesados o altos en azúcares, se verá reflejado de alguna manera en tu cuerpo. Si te salen caries, serán el reflejo de algunos hábitos y decisiones. Y así podríamos poner muchos ejemplos en los que te darás cuenta de que no es tu cuerpo en sí quien crea esos efectos indeseables, sino tú a través de tus elecciones.

Muchas veces los desórdenes alimenticios o el hecho de maltratar tu cuerpo proviene de procesos emocionales, mentales o traumas no resueltos. Son consecuencia del ambiente en el que te desenvuelves. Por ejemplo, si estás en un lugar en el que las personas están enfermas de gripe, y eliges quedarte, lo más probable es que te vayas a enfermar de gripe, no es que tu cuerpo haya elegido enfermarse. O si estás en un trabajo súper estresante, de seguro habrá repercusiones en tu cuerpo, dolores musculares, enfermedades gastrointestinales, o simplemente cansancio mental, emocional y físico.

Por supuesto que también ocurren muchas cosas que no podemos controlar, o que no elegimos directamente, como es el caso de los accidentes u otro tipo de enfermedades. Aun así, no es que nuestro cuerpo eligiera eso. Ten presente que esas cicatrices son parte de tu historia de vida, y no algo planeado y hecho por tu cuerpo para lastimarte.

Al hacer un cambio de perspectiva, muchas y muchos de mis estudiantes se quedaban mudas y mudos. Se dieron cuenta de que durante toda una vida intentaron lastimar o vengarse de su cuerpo, cuando éste nunca tuvo la culpa, sino que siempre daba su máximo para estar al cien. Por ejemplo, si mañana no tienes una alimentación balanceada y comes muy, pero muy mal, e incluso comes demasiado, con una actitud de incomprensión hacia tu cuerpo, lo más probable es que en la noche elijas irte a la cama sin comer, o que al día siguiente te vayas a trabajar sin desayunar. Pero aun cuando trates a tu cuerpo de esta manera, él seguirá dando su máximo con lo que tiene y puede. ¿Y sabes por qué? Porque genuinamente te ama y desea lo mejor para ti, siempre, sin importar lo que le diste, hiciste, dijiste o cómo lo trataste el día anterior.

Es por eso que te invito a que veas a tu cuerpo como tu mejor equipo, tu mejor aliado. ¿Por qué? Porque estará ahí a tu disposición, durante toda tu vida. Es el vehículo que permite que tu esencia evolucione en este plano de existencia. Entonces, ¿por qué mejor no dejas de verlo como el enemigo, como lo peor que te ha pasado? Mejor acéptalo como tu aliado.

ACTIVIDAD

Para esta otra actividad, necesitarás invertir un poco más de tiempo. Vas a observar cada parte de tu cuerpo —puedes auxiliarte con un espejo— y te harás la siguiente pregunta: ¿qué acto de amor puedo hacer por cada parte de mi cuerpo?, en especial por esas tres partes que ya habías identificado en la actividad anterior. En verdad hazlo y trata de no dejar de lado ninguna parte de tu cuerpo.

Aquí te comparto algunos ejemplos:

- *Pies*: tal vez el mejor acto de amor que puedes hacerle a tu cuerpo es ponerles crema, desenterrarte alguna uña, hacerte un pedicure, ponerte zapatos cómodos o darte un masaje.
- *Hombros*: comprar una mochila cómoda —sobre todo si cargas mucho peso—, conseguir una almohada o colchón adecuado, usar un brasier que no te lastime o buscar la manera de mejorar tu postura.
- *Ojos*: ponerte tus lentes de sol, tus lentes de aumento si los necesitas, no tallártelos, ser amable con el maquillaje que usas, utilizar algunas gotas que te ayuden a descansarlos.

El punto es que de verdad busques al menos un punto, una cosa en cada parte de tu cuerpo: los dedos de tus pies, tus pies, tus pantorrillas, tus rodillas, tus muslos, tus genitales, y así sucesivamente; de verdad observa y reflexiona en cada área y poco a poco comienza a hacer estas actividades en tu día a día.

Como ya te has dado cuenta con la lectura de este libro, tu cuerpo está a tu disposición y siempre quiere lo mejor para ti. Es por eso que debemos de tener en mente que es importante invertir en él, dedicarle tiempo y enfocarnos en mantener una buena salud. Te recomiendo comenzar a dejar esta actitud en la que se desatiende al cuerpo pues se piensa que siempre estará ahí y que no necesita de mucho cuidado y dedicación.

Como ya te platiqué antes, en el pasado yo estaba enemistada con mi cuerpo, incluso sentía que él estaba en mi contra, como si fuera mi peor enemigo, y me la creí tanto que le hablaba así, lo trataba mal. En aquel entonces tomaba decisiones que hacían que lo dejara en último lugar. No lo cuidaba ni le daba amor. Pero un día tuve una epifanía, uno de esos momentos reveladores que te cambian la perspectiva por completo, y hoy quiero que tú también la vivas.

MI FILOSOFÍA SOBRE AMAR A MI CUERPO

De seguro ya te lo dije una y mil veces: tu cuerpo merece respeto y amor; tu cuerpo te ama y está ahí a tu disposición. Todo eso que deseas hacer encontrará la manera para lograrlo y todo eso que vivas estará para ti. ¿A qué me refiero? A que, si tu sueño es ir a algún lugar y conocer la nieve, tu cuerpo hará lo posible para que estés ahí: tu piel, tu cabello y tus músculos harán cosas increíbles para que puedas estar ahí. O si de repente quieres ir a la playa, tu cuerpo sabrá qué hacer, o sea, no tienes que tomar un curso para enseñarle a tu piel qué tiene que hacer cuando esté en el sol, en la nieve o en una tormenta; no, tu cuerpo lo sabrá y lo hará de la mejor manera sin pedirte nada a cambio, sin renegar. En verdad, ahí estará para lo que quieras hacer. Si de repente fallece algún ser querido, estará para ti, hará todo lo que se necesita para que sobrevivas en toda clase de momentos: duros, difíciles, felices, tristes, tranquilos, no importa, ahí estará y buscará la manera de ayudarte a sobrevivir sin cobrarte nada.

Ahora quiero que imagines lo siguiente: es la final del mundial de futbol y tu equipo y tú están ahí. De los siguientes dos escenarios, ¿cuál tendría más sentido? 1) ¿Que entre ustedes se pongan el pie, se traicionen, se lastimen, se expongan y siembren la discordia?

¿Qué crees que pasaría si haces esto durante todo el partido? Muy posiblemente no ganen, pero ni de broma. Tal vez terminen todos lastimados. No lo disfrutarán ni se la van a pasar bonito, y de seguro hasta el otro equipo no entenderá por qué usaron esa "estrategia". 2) Ahora, ¿qué tal si se ayudan, juegan en equipo, se enfocan en sus mejores fortalezas y están ahí para apoyarse? Posiblemente van a ganar, se la van a pasar muy bien, saldrán ilesos y van a llegar muy, muy lejos.

Bueno pues, lo mismo pasa con tu cuerpo. Tú ya estás en una cancha, jugando el juego de la vida, y cada vez que tratas mal a tu cuerpo, lo alimentas mal y no lo cuidas, es como ponerte el pie para que te caigas. En verdad no tiene sentido que estés peleando contigo misma. Allá afuera hay otras cosas por las cuales vale la pena jugar y ganar, como podría ser ese negocio que tanto has querido abrir, concluir determinados estudios, aprender otro idioma, mejorar tu calidad de vida, en fin, las opciones son muy amplias, por no decir que infinitas.

Recuerda esta analogía cada vez que vayas a comenzar un proyecto nuevo o cuando tengas que usar lo mejor de tus capacidades en alguna tarea o actividad. Imagina que harás una presentación en una junta en la que se tomarán decisiones muy importantes, cuyos resultados pueden hacer la diferencia, justo lo que necesitas para conseguir tu objetivo, el cual puede ser poner tu propio negocio, vender tu empresa, tener nuevos socios comerciales, obtener un aumento de salario; en fin, las opciones pueden ser muchas. Bueno pues, esa junta es la cancha de juego, por lo que en lugar de estarte poniendo el pie y de ser tu propio obstáculo, lo mejor que puedes hacer es confiar en tus capacidades, tener a la mano las herramientas necesarias, tomarte el tiempo para prepararte e incluso practicar un par de veces antes, ya sea tú solo o en la presencia de un amigo. Todo eso te preparará para que consigas los mejores resultados y, lo mejor de esto, pasará mientras disfrutas del proceso.

MI FILOSOFÍA

Con todo este preámbulo, ahora sí quiero compartir contigo cuál es mi filosofía de vida. Yo me amo tanto que de verdad quiero lo mejor para mí y para mi cuerpo, porque sé que no le puedo pedir mucho si no le doy mucho, y que todo eso que invierto en mí, no es porque desee cambiarlo —porque no me gusta o porque no se lo merece—, sino porque hoy ya es lo suficientemente valioso como para darle lo mejor que está dentro de mis posibilidades, y eso implica cuidar de él, amarlo, apapacharlo, admirarlo, ayudarlo, escucharlo y, todo esto de manera incondicional, sin reclamos en un futuro.

ACTIVIDAD PARA PEDIR PERDÓN

En esta actividad vamos a hacer dos cartas, una para pedirle perdón a tu cuerpo y la otra para comprometernos a trabajar en él, para tratarlo mejor o para transformarlo. A continuación, te voy a compartir algunos ejemplos.

Carta para pedir perdón

Lugar y fecha

A mi cuerpo:

Hoy, tras haberme hecho consciente de lo que le he hecho a mi cuerpo en el pasado, le pido perdón. Perdón por todas las ocasiones en las que lo critiqué de manera cruel, pues muchas veces esas críticas no estaban justificadas, ya que exageré los acontecimientos; convertía cosas pequeñas en enormes o sólo veía problemas e imperfecciones en donde no las había.

Le pido perdón por todas las veces en las que no lo alimenté de la mejor manera; por cada vez que lo alimenté de más, por cada vez que lo alimenté de menos o que simplemente no lo alimenté. Le pido perdón a mi cuerpo por todas las veces en que le di comida chatarra y alimentos poco sanos.

Le pido perdón a mi cuerpo por todas las veces en que lo ignoré. Por esas veces en las que no le di importancia a las cosas que me pedía, o a sus necesidades. Le pido perdón por esas veces en las que no le hice caso a sus sentimientos. Le pido perdón por todas las veces que subestimé sus capacidades y no confié en él. Le pido perdón por todas las veces que no le agradecí por todo lo que hacía por mí.

A mi amado y querido cuerpo, le pido perdón.

Con cariño,

Karla Barajas

Carta compromiso

Lugar y fecha

Querido cuerpo:

La verdad es que ya me di cuenta de que te trato mal o no muy bien. Es por eso que quiero hacer las paces contigo y mejorar nuestra relación, ya que como he aprendido en los últimos días, eres mi primer templo, por lo que debo cuidarte. Gracias a las enseñanzas espirituales, me he hecho consciente de lo importante que eres en mi vida.

Querido cuerpo, hoy me comprometo a cambiar la relación que tenemos y a trabajar como un equipo. Ya no te voy a ignorar ni a hacerte menos. Voy a darte el lugar que mereces, con amor y respeto. Voy a tratarte de la mejor manera.

Hoy me comprometo a alimentarte lo mejor posible, con comida rica en nutrientes, alimentos sanos. Voy a disminuir y, de ser posible, no consumir comida chatarra, procesada o poco saludable.

Hoy me comprometo a darte un debido cuidado y descanso. Voy a dormir más horas y a buscar las formas de tener un sueño más reparador. Cuando te sientas cansado, voy a hacer una pausa y pondré atención a lo que necesitas.

Hoy me comprometo a respetarte, cuidarte, mimarte, apapacharte y amarte.

Con compromiso y amor,
Karla Barajas

Es importante que dejes salir tu creatividad y tu sinceridad en el proceso de escritura de estas cartas. Las que aquí te puse son sólo unos ejemplos. No importa si lo que tú escribas sea más breve o extenso, mientras tenga tu esencia, eso es lo primordial. Ten en cuenta que este proceso puede tomarte horas o incluso días. Hay personas que en una sentada escriben toda su carta, pero también hay otras a las que les cuesta mucho exteriorizar sus pensamientos y sentimientos, por lo que les toma más tiempo. No te detengas, sigue avanzando, aunque, como ya vimos, si necesitas hacer una pausa, hazlo. Sólo no confundas esta necesidad con una parálisis por análisis, como le suele suceder a muchas personas que por darle vueltas y esperar el momento perfecto, se quedan paralizadas.

Confía en ti y recuerda que estoy aquí contigo, en todo momento. Mi energía y vibración están impregnadas en estas páginas, las cuales he escrito con mucho amor y entusiasmo, pues realmente creo en que todos tenemos la capacidad para transformarnos.

¡Mucho éxito, yo sé que puedes!

MEDITACIÓN PARA UN CUERPO EN PAZ

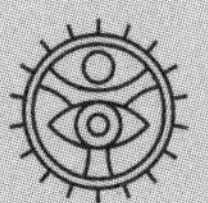
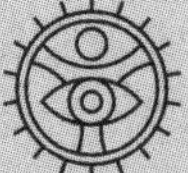
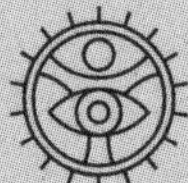
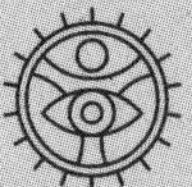

3
CONSTRUYE TU HOGAR IDEAL

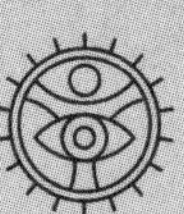
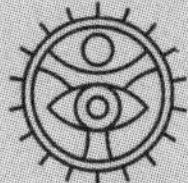
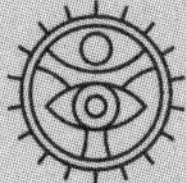
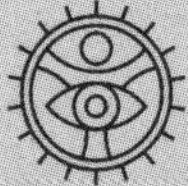

MEDITACIÓN PARA TENER ARMONÍA EN LA CASA

> "Tu casa es tu segundo templo, es sagrado
> y merece respeto, amor y dedicación".
>
> ANÓNIMO

Cuando estaba pensando en cómo empezar a escribir este capítulo, imaginé muchas opciones. Sin embargo, mi intuición me hizo recordar una etapa de mi vida que, como ya es tan natural para mí, no había considerado. Es por eso que quiero platicarte una experiencia personal.

Por mucho tiempo mis papás se dedicaron a revisar cómo eran las energías de las casas y qué se podía hacer para que la gente se sintiera mejor en esos espacios. Constantemente hablaban de las características energéticas de una casa y de cómo la energía de nuestros espacios personales se veía afectada, de una u otra manera, por factores como el orden, la orientación, los colores, la decoración, etcétera.

Tras haber crecido con esta perspectiva, entendí que cada espacio y cada lugar tiene una energía única, por lo que es diferente para cada persona. Por ejemplo, tal vez para un amante de la naturaleza, un parque puede ser tan inspirador que le ayuda a motivarse y enfocarse en algún proyecto importante de su vida; ese espacio se convierte en un catalizador energético que aumenta su frecuencia. Sin embargo, si a alguien le da igual la naturaleza, ese parque no va a ser para nada inspirador; sólo será un lugar de relajación, de calma o, en otros contextos, un lugar aburrido, ya que no lo siente tan estimulante. Así pues, cada espacio posee una energía diferente, pero como cada quien tiene una historia de vida distinta, estos lugares nos van a afectar en grados diferentes.

También entendí que, si la energía de tu casa no está alineada con lo que deseas, es decir, si no vibran en la misma frecuencia, esto se verá reflejado en otras áreas de tu vida, como en tu negocio, por ejemplo. Más adelante hablaré de ese tema con detalle. Por el momento, basta con que tengas en mente que tu casa siempre va a reflejar mucho más de ti de lo que te imaginas. Tu hogar puede evidenciar tus creencias más profundas, tu amor propio, el permiso que te das de vivir bonito o, incluso, alguna situación actual por la que estés atravesando. Estoy segura de que muchos de los veintes que te caigan en este capítulo los podrás seguir aterrizando más adelante.

CREENCIAS MÁS PROFUNDAS

Aunque no lo creas, la dinámica de nuestro hogar dice mucho sobre nosotros. Por ejemplo, muchas personas no tienen los muebles o los espacios que más les inspiran, pues creen que son un gasto que no se pueden permitir, que es innecesario o que no tienen el dinero suficiente para adquirirlos, por lo que siguen postergando su adquisición para un momento más idóneo. Lo mismo pasa con las personas que creen que deben vivir con otros familiares —generalmente los padres— y aguantar malos tratos porque piensan que no hay otra posibilidad para salir adelante. Suponen que deben de aguantar esas condiciones y dicen "así es la vida, injusta e ingrata". Todo esto refleja, en algunos casos, la falta de amor propio, la creencia de que no merecemos algo mejor o que no tenemos la posibilidad de vivir bonito.

Un claro ejemplo de lo anterior es la historia de una conocida mía. Ella tiene una empresa muy exitosa y le va súper bien económicamente hablando. La forma en la que tiene su espacio de trabajo y su ambiente laboral hacen que uno piense que vive muy bien y sin carencias. No obstante, ella vive en una casa muy pequeña, en la que paga casi nada al mes, cuando sin ningún problema podría comprar algo propio. No tiene boiler para calentar el agua y se baña a jicarazos porque quiere ahorrar todo lo posible. La mayoría de las puertas en su casa no sirven, por lo que no tiene privacidad. En fin, te podría seguir contando más y más ejemplos de este tipo, pero con esto quiero que veas que ella habita un espacio así porque genuinamente no cree que sea abundante, por lo que piensa que no merece disfrutar de su dinero.

Y si bien es cierto que el dinero es un factor limitante al momento de querer establecer un espacio personal, no lo es todo. Uno puede decretar: "Yo merezco un lugar lindo y claro que sí, se lo voy a pedir al Universo", y con esa sencilla acción ponemos la energía en movimiento. Puede ser que tal vez no encuentres el lugar que quieres, el más hermoso, o que justamente no te alcance para pagar lo que querías, pero puedes hacer acciones que mejoren tu espacio: que cada rincón de la casa dé alegría y esté lo más lindo posible. Con creatividad, puedes tenerlo ordenado y limpio.

ACTIVIDAD

Haz una pausa y toma tu bitácora espiritual —si no tienes una, es un buen momento para que la consigas— o, simplemente, toma papel y pluma y ponte a escribir cómo se siente tu casa. Por ejemplo, se puede sentir sola, fría, desordenada, enferma, descuidada, alegre, en paz, divertida, cálida, en fin, enfócate en cómo se siente. Te recomiendo que antes de hacerlo, te des una vuelta por tu hogar y observes cada detalle. Una vez que termines, regresa a tu bitácora y comienza a escribir, ya sea que lo hagas de una manera general o de cada una de las habitaciones o áreas; haz lo que te genere mayor comodidad. No se trata de hacer una radiografía con lujo de detalle, sino que el objetivo es que veamos nuestra casa con un mayor entendimiento y con la consciencia de que es posible hacer cambios benéficos en ella.

TU HOGAR, TU NIDO

ACTIVIDAD

No sé cómo te estás sintiendo o cómo estés viviendo en este momento de tu vida, pero antes de comenzar a profundizar en este tema me encantaría que contestaras las siguientes preguntas:

1. ¿Por qué vives en tu actual dirección?
   a) Porque vivo con mis papás.
   b) Porque rento la casa.
   c) Porque esta casa es mía, ya la compré.
   d) Porque está cerca de mi trabajo.

   ....

   ....

   ....

2. ¿Hace cuanto que vives en esa casa o departamento?

   ....

   ....

   ....

3. ¿Con quiénes vives?

   ....

   ....

   ....

4. ¿Qué mascotas tienes?

   ....

   ....

   ....

5. ¿Cuál es el área favorita de tu hogar? ¿Por qué?

   ....

   ....

   ....

6. ¿Cuál es el área que menos te gusta de tu hogar? ¿Por qué?

   ....

   ....

   ....

7. ¿Cómo ha sido tu vida desde que te mudaste a este lugar?

....

....

....

Tu hogar, más que el lugar al que regresas a dormir y a guardar tus pertenencias, debería ser ese espacio en el que te sientas a salvo, segura, apoyada y bienvenida, porque creo que el mundo allá afuera ya es lo suficientemente salvaje como para que dentro de tu hogar tengas que cuidarte también. A veces soñamos con que algún día vamos a tener esa casa con alberca, una mansión o no sé qué tanto más. Y es que sí puedes lograr todo eso, sí lo puedes manifestar y, para seguir un método práctico, paso a paso, te recomiendo que leas mi libro *Manifestación sin tanto rollo*, con el que te darás cuenta de que el proceso de manifestar no es tan difícil o imposible, al contrario de lo que muchas personas creen.

Soñar con tener la casa deseada es la historia de muchas personas y quizá tú también te sientas identificada con ellas. Son personas soñadoras que le echan muchas ganas a lo que tanto aman. Salen todos los días a querer construir un mejor futuro y regresan felices y emocionadas de que algún día lo podrán lograr. Se les ve en sus ojos un brillo lleno de ilusión. Sin embargo, al regresar a casa, esos sueños les son arrebatados por sus papás, pareja, hermana, cuñada, suegra o cualquier familiar que les dice que eso no es posible, que eso no es para ellas. Con el paso del tiempo, el brillo en sus ojos y sus ganas de querer hacer las cosas se van esfumando poco a poco, sin que se den cuenta, y aunque siguen avanzando porque nada las detiene, cada día con más miedo, más silencio y sin tanta fuerza porque sienten que tienen que sobrevivir.

¿Te sentiste identificada? Quizás un poco. Y es que, si lo piensas así, sí puedes mejorar la energía de tu casa si sigues al pie de la letra los contenidos que te voy a platicar en este capítulo, pero si vives en un ambiente tóxico y violento, será complicado llegar a esa abundancia que tanto sueñas.

Antes de continuar, por favor, tómate un respiro. Sí, yo sé que fue mucho lo que te acabo de comentar, pero me encantaría decirte lo siguiente porque estoy convencida de que mereces vivir bien. Haz una pausa y lee la siguiente carta.

....

(escribe tu nombre completo en la línea) mereces vivir en un hogar donde te sientas bienvenida y bienvenido, sin importar si crees que estás perdiendo en este capítulo de tu vida, o si sientes que estás ganando lo que alguna vez soñaste. Mereces que este lugar guarde con amor tus más grandes secretos y alimentes todos y cada uno de esos sueños que ya viven en ti o que están por nacer.

Mereces irte a dormir tranquila y tranquilo, sabiendo que puedes irte a descansar en paz cada vez que lo necesites.

Mereces tener los espacios para expresarte y el amor para estar en silencio cuando tú lo quieras. Ese hogar donde sabes que puedes ser tú y no existe la necesidad de demostrar nada.

Deseo que cuando te des permiso de construirlo, lo disfrutes y te recuerdes a ti misma y a ti mismo lo merecedora y merecedor que ya eres de este amor y esta dulzura.

Es importante que leas lo anterior con convicción, pues muchas veces no nos sentimos merecedores o no creemos que este tipo de cosas puedan pasar, sobre todo cuando estamos inmersos en un ambiente de violencia que nos hace sentir afectados y muchas veces no es fácil salir de allí. Aunque sabemos que debemos de vibrar positivamente para mejorar nuestro entorno y a nosotros mismos, no podemos porque la misma situación adversa nos hace sentirnos mal todo el tiempo. Tranquila, tranquilo, es normal. Por eso te invito a que cada vez que ese tipo de pensamientos y sentimientos afloren en tu interior, leas esta carta. Hazlo cada vez que lo necesites. Recuerda que no porque en este momento las cosas no se sientan como dice la carta, no significa que no puedas cambiar en algún momento de tu vida y me parece importante mencionar que el hecho de que no lo estés viviendo en este momento no significa que no lo merezcas. Tanto el merecimiento como el cambio empiezan en nuestro interior y, para poder acrecentarlos, voy a compartirte los ingredientes y los procesos que hay que llevar a cabo para conseguirlo.

INGREDIENTES DE UN HOGAR

A continuación, te compartiré los tres ingredientes que de acuerdo con mi experiencia son esenciales:

1. *Estar dispuesta y dispuesto a construir un hogar*
   En esta parte tienes que pensar en aquello que para ti es importante tener en tu hogar, pues cada uno es evidentemente diferente. Un hogar para un pintor no será el mismo que para un contador. Es probable que un contador quiera

plumones, calculadoras y un escritorio; mientras que un pintor querrá un ventanal para ver el exterior, un lienzo y tal vez estar rodeado de mucha naturaleza. Te repito, para que tengas el hogar idóneo para ti, éste tiene que estar alineado con tus intereses y aspiraciones, pues tienes que sentirte bien en él. Es por eso que no debes conformarte con menos, y debes ser fiel a tus ideales y formas de ver la vida, aunque eso, en un principio, signifique incomodidad. ¿A qué me refiero con esto? Muchos viven en lugares que no consideran como su hogar, pero no se animan a hacer cambios porque no quieren salir de su zona de confort, no quieren arriesgarse. Tal vez eres un pintor y no estás en un hogar o en un trabajo que se relaciona con tus ideales porque te da miedo dar el paso que te acercará a esa vida que deseas. Y no me refiero a que dejes todo de la noche a la mañana, pero tal vez, para poder pintar, tendrás que levantarte más temprano o disminuir tus horas de ocio, lo cual, en un principio, te incomodará. Tu mente no va a querer que hagas el cambio, pero en verdad te aconsejo que lo hagas, que comiences a construir ese hogar que, tarde que temprano, será una fuente de inspiración, un ambiente que te hará sentir en plenitud.

2. *Crear o encontrar un espacio que te inspire*
Una vez que identifiques cuáles son los elementos que quieres tener en tu hogar, pon manos a la obra para obtenerlo. Si tienes los recursos económicos para comprar o rentar un espacio que te inspire, no dudes en hacerlo. Por el contrario, si en este momento no tienes los medios, no te

preocupes, hay que buscar la manera de crearlos; siempre podemos tener la creatividad para hacer que las cosas pasen.

Mereces espacios inspiradores

Quiero compartirte que yo crecí en una casa en la que el tema del diseño y la estética no eran importantes, simplemente era una casa normal cuyas decoraciones habían llegado casi al azar: un cuadro que le habían regalado a mi papá, un mantel que se encontró mi mamá en una rebaja, un mueble que algún familiar nos había dado, en fin, eran cosas que se habían conseguido o en una liquidación de saldos o que alguien le había regalado a mis papás, pero nada había sido escogido al gusto o de manera intencional, ya que la lógica de mis papás era "pues ya lo tenemos, hay que usarlo, para qué le buscamos. No nos encanta, pero no está mal".

Y justo a partir de esta experiencia de vida, quiero platicarte una anécdota personal. En la segunda ocasión que tuve la oportunidad de mudarme de casa, ya estando casada y toda la cosa, mi esposo me decía que teníamos que decorar mi oficina, y yo recuerdo que le contestaba "no, no, así estoy bien", pero dentro de mí yo pensaba "¿por qué voy a decorarla si esta casa no es mía? Como la estamos rentando, yo sé que tarde o temprano nos vamos a ir de aquí, así que será una pérdida de tiempo y de dinero, no tiene caso". Mi esposo sí decoró su oficina y estaba súper linda, pero yo seguía considerando que nada de eso era necesario. Para mí era suficiente tener mi escritorio y unos cuantos libros. Y así duré dos años.

Nos volvimos a mudar de casa y mi esposo me dijo nuevamente “hay que decorar tu oficina”, pero yo seguía en las mismas y le decía que no era necesario. Pensaba “si en la otra casa no decoré mi oficina y estaba muy bien, para qué hacerlo en esta nueva casa”. Total que al final mi esposo me convenció de hacerlo y, cuando terminamos, me encantó el resultado. Recuerdo que me dije: “Qué bonito se siente trabajar en un espacio en el que, al voltear a cualquier parte, te sientes inspirada, contenta y motivada”.

Esa experiencia me hizo darme cuenta de que, al no sentirnos merecedores de lo bueno, bloqueamos su manifestación. Muchas veces esa falta de merecimiento viene disfrazada con excusas como “cuando me vaya mejor económicamente, voy a remodelar mi casa”, “ya que tenga ese trabajo, voy a comprarme una nueva computadora”, “una vez que consiga el aumento, voy a cambiar mis herramientas de trabajo”. El problema es que muchas veces esas circunstancias sí llegan a nuestra vida, nos va mejor económicamente, tenemos el trabajo deseado y conseguimos ese aumento tan esperado, pero encontramos nuevas formas de sabotearnos y de seguir sintiéndonos no merecedores. Por ello te animo a que des ese pasito que te hace falta, date ese empujoncito que necesitas para ya sentirte digna y digno, así como merecedora y merecedor de un espacio bonito. Deja de creer que eso sólo pasa en las películas o que únicamente le pasa a la gente adinerada. Tienes que creer que puedes construir ese hogar deseado, tomando en cuenta tus posibilidades financieras. Como ya te dije, el simple hecho de limpiar, reacomodar y ordenar te dará paz mental, hará que tu espacio vibre bonito y se sienta muy bien.

3. *Que las personas que viven contigo estén dispuestas a crecer en conjunto contigo*
   Ya hemos mencionado que para que se transforme nuestro mundo, en primer lugar nosotros debemos cambiar. Toda técnica energética se basa en que cambiemos nosotros, no en que modifiquemos a las personas. A pesar de esto, es muy importante que las personas que están a tu alrededor te apoyen en tus decisiones, que te ayuden a que crezcas. No se trata de que hagan las cosas por ti, sino que te aporten soluciones, ideas y acompañamiento, y viceversa. Así pues, te recomiendo que compartas tu proyecto de vida y transformación a las personas cercanas a ti, para que así entiendan lo importante que es para ti este proceso de evolución.

CREENCIAS LIMITANTES

¿Qué creencias limitantes tienes sobre crear un hogar? Recuerda que ya hemos visto con anterioridad qué es una creencia limitante y, de manera breve, ya hemos visto algunas de ellas en este mismo capítulo. Para identificarlas de manera más precisa, te invito a que hagas el siguiente ejercicio. Observa el siguiente cuadro, en él hay unos ejemplos de creencias limitantes; vas a leer los ejemplos y, posteriormente, vas a escribir tres creencias limitantes que consideras que están presentes en tu hogar o en tu sistema de creencias, relacionadas con lo que significa tener un hogar.

Creencias limitantes en un hogar

1. *Un hogar se completa y se llena cuando una pareja tiene hijos.* Ya sea que vivas solo, con tu pareja, con algún pariente o con tu mascota, ya es una familia. Tu hogar ya está completo. No es necesaria la típica historia de mamá, papá, dos hijos y un perrito.

2. *Decorar tu casa es un lujo.* Sobre este punto ya te hablé antes en este mismo capítulo, pero simplemente es recordar que muchos piensan que decorar tu espacio personal es un derroche de dinero y que debes conformarte con los muebles y decoraciones que la vida te está dando.

3. *Rentar una casa o departamento es una terrible idea.* Incontables veces he escuchado que rentar es sinónimo de tirar el dinero a la basura. Sin embargo, dependiendo de tu proyecto de vida, rentar un inmueble puede ser la mejor opción disponible. Es por eso que nunca debes dejarte guiar por las opiniones de los demás ni por el "qué dirán" de ti. Yo te puedo compartir que, por mi estilo de vida y mi trabajo, constantemente me cambio de casa, por lo que comprar una no sería una muy buena idea que digamos.

4. *Sólo puedes vivir en una o dos casas durante toda tu vida.* Este punto está muy relacionado con el anterior. Algunas personas, sobre todo de las generaciones anteriores, tienen la idea de que la casa en la que vives debe ser la misma en la que te quedarás por el resto de tu vida; si eso está dentro de tu proyecto de vida, está muy bien, pero qué tal que si lo que tú quieres es viajar, o tal vez lo que quieres es mudarte a una casa más grande o más pequeña. Igual y quieres irte a vivir a otro país, o simplemente quieres cambiarte de casa para tener nuevos aires. Hay muchas posibilidades y, si nosotros somos seres en constante evolución, ¿por qué nuestro espacio, nuestro hogar, no podría serlo? He conocido muchas personas que desean mudarse a una casa

diferente, pero no lo hacen porque en su actual hogar han vivido varias generaciones de la familia y "no pueden" romper la tradición. Libérate de este tipo de ideas y anímate a construir, a crear, ese hogar lindo y amoroso que tanto deseas y te mereces.

5. ....

....

....

....

6. ....

....

....

....

7. ....

....

....

....

HOGARES QUE SANAN Y HOGARES QUE ENFERMAN

En este apartado voy a platicarte de dos anécdotas que, quiero dejar claro, son casos extremos, pero que nos ayudarán para que identifiques cómo es tu hogar, para que analices qué elementos lo están sanando o, por el contrario, enfermando.

Un hogar que sana

Lamentablemente —pues el final de esta anécdota no fue para nada agradable—, tengo la historia perfecta para ejemplificar cómo es un hogar que sana. Mi suegra es médica, ya retirada, pero trabajó incansablemente durante toda su vida, por lo que es muy reconocida en su medio profesional. Desde que recuerdo, varias veces nos había platicado que su mayor ilusión era tener su casa de ensueño. Siempre se imaginaba remodelándola y diseñándola a su gusto, pero nunca se daba el tiempo para hacerlo. Con la pandemia del covid-19, tuvo el tiempo necesario, así que emprendió el proyecto personal de renovar su casa.

A mí me llenó de mucha ilusión ver cómo iba cambiando su casa, pues de alguna u otra forma, estaba modificando su hogar para su nueva etapa de vida como retirada, pero lo hacía con un ánimo y alegría que en verdad se contagiaba. Nos platicaba que iba a cambiar el azulejo del piso, que iba a comprar otras puertas y nos daba muchos detalles de lo que quería hacer. Así estuvo como por dos años, con unas ganas enormes de remodelarla. Recuerdo que yo me sorprendía de lo movida que era y hasta decía "¿de dónde saca tanta energía?". En ese entonces, conocía a varias personas que ya estaban retiradas y, en su mayoría, tenían la idea de "para qué cambio mi casa si así ya estoy bien". Pero mi suegra no, de manera incansable estuvo trabajando en su proyecto hasta que cambió toda su casa, incluso la volvió a amueblar.

Sin embargo, apenas había pasado un mes de que había terminado de reestructurar su casa, cuando uno de sus hijos falleció de una manera muy trágica, justo ahí en esa casa. Fue uno de los momentos más dolorosos para la familia, pero en especial para ella, pues acababa de perder a su hijo justo en un espacio que ella había remodelado con tanto amor y entusiasmo. Ese evento fue una verdadera pesadilla. El significado de esa casa cambió por completo.

Y a raíz de ese acontecimiento, pudieron haber ocurrido dos cosas: 1) ella podía haber elegido quedarse ahí, no sólo por el apego que le tenía a su hijo, sino por el apego que le tenía a la recién construida casa de sus sueños, pues por fin, después de tantos años anhelando dicho hogar, por fin lo tenía, ni modo de no disfrutarlo; o 2) debido al terrible suceso, dejar todo atrás y mudarse a una nueva casa, una que le permitiría reconstruirse y sanar de acuerdo con sus posibilidades. Y ella eligió la segunda opción, prefirió comenzar desde cero. Se mudó a nueva casa que ni siquiera se encontraba por el mismo rumbo que la anterior, donde tuvo que amueblar nuevamente. Poco a poco, fue construyendo su nuevo hogar y, por ende, su nueva vida.

A pesar de lo triste de esta historia, me sigue inspirando por las decisiones que tomó mi suegra. Ella eligió hacer un cambio radical en su vida y no le importó lo que los demás opinaban o decían. Ella sabía lo que quería y fue por ello. Esto me hizo ver que siempre podemos empezar desde cero, sin importar las dificultades. Podemos volver a construir nuestro hogar para que sea un lugar muy amoroso en el que nos sintamos apapachados y bien recibidos.

Un hogar que enferma

La familia de una de mis mejores amigas vivió un suceso muy complicado relacionado con su hogar. Los seis hermanos habían crecido en una casa muy bonita de la Ciudad de México, pero por cuestiones naturales de la vida, se fueron yendo de ahí hasta que, al final, sólo su mamá se quedó viviendo en ese hogar, ya que su padre ya había fallecido. Con el tiempo, la madre se enfermó y necesitaba de atenciones constantes, por lo que una de las hermanas decidió irse a vivir ahí, junto con su hijo, para cuidarla. Y así fue hasta que la madre falleció. Ahí comenzó la verdadera pesadilla.

Al tratar de decidir el futuro de la casa, comenzó una disputa acalorada entre todos los hermanos. Más temprano que tarde, las reuniones que tenían ya sólo eran para tratar los temas legales de la sucesión de la casa. Ya ni se veían con agrado, sino más bien con rencor. Su relación comenzó a tornarse muy viciada, al grado que dos de los hermanos terminaron con enfermedades muy severas: a uno le dio un accidente vascular cerebral y al otro le dio un infarto. Sin embargo, con el tiempo, la situación empezó a cansar y a enfermar a todos los hermanos.

Y es que el principal meollo de toda esa situación fue que la hermana que estaba cuidando a su mamá ya no quiso salirse de la casa y decía que ella era la dueña. A la fecha, después de 10 años, sigue viviendo ahí, pero su calidad de vida no es muy buena. Está súper apegada a esa casa y casi no sale de ella, pues al hacerlo, "corre el riesgo" de que se la quiten los hermanos. Ella sigue diciendo que es suya y que no saldrá de ahí.

ACTIVIDAD

Éstos son casos muy extremos e historias completamente diferentes, pero de seguro te recordaron a algún caso similar por el que has pasado o que sabes que le pasó a algún familiar, amigo o conocido. Con estos ejemplos, quiero que identifiques las características de lo que tú estás viviendo en tu hogar. Que veas cuáles son los elementos que lo sanan y cuáles los que lo enferman. Para hacerlo, guíate con la siguiente tablita:

HOGARES	
Características que lo sanan	Características que lo enferman
• El amor en las relaciones.	• Cosas no resueltas con algún integrante de la familia.
• El cariño de las mascotas.	• Peleas constantes.
• Noticias que llenan de alegría cada espacio de tu casa.	• Faltas de respeto.
• Orden y limpieza.	• Desorden.
• Decoración energética: cuarzos, pinturas, plantas, etcétera.	• Malas decisiones.
• Finanzas sanas.	• Deudas.
• Buenos hábitos.	• Malos hábitos.
•	•
•	•
•	•
•	•
•	•

GRATITUD

MEJOREMOS LA ENERGÍA DE TU HOGAR

Enseguida, te voy a compartir mis mejores recomendaciones, aunque eso no significa que debas hacerlas todas. Recuerda que lo importante es que te sientas cómoda y cómodo con ellas.

1. El respeto

No invites a cualquier persona a tu casa y no me refiero a desconocidos, sino a todas esas personas que ya conoces. No porque sea tu familiar o tu amigo merece estar ahí. Sé que esta sentencia puede sonar muy polémica, pero créeme, hay una razón de ser para ello. Por ejemplo, la regla que tenemos mi esposo y yo es que nunca invitamos a nuestra casa a una persona que no nos respeta pues, si no lo hace con nosotros, menos lo hará con nuestro hogar y, ¿por qué tendrías a alguien así en un espacio tan sagrado? Como yo lo veo es que cuido tanto la energía de mi hogar que no me gustaría exponerlo a alguien más.

Claro que la definición de respeto será diferente para cada uno de nosotros. Tal vez para alguien el respeto es que no llegues a su casa con los zapatos llenos de lodo y se la ensucies. Posiblemente para otra persona es que no grites. También puede ser el hecho de que llegues a tiempo, en fin, opciones hay varias, pero lo importante es que tú encuentres tu propia definición de respeto y la externes a las personas que van a visitarte en tu hogar porque si no saben qué es lo que para ti es importante que respeten, ¿cómo van a hacerlo o siquiera a considerarlo?

Además, hay otro punto importante para tomar en cuenta con las personas que van a ir a tu hogar: el intercambio energético. Si cada vez que alguien va a tu casa no aporta algo, no la deja mejor o no la llena con risas o dulzura, la mejor opción es que veas a dicha persona en su casa, en un café o un restaurante. Y no es que estemos siendo groseros o sangrones, pero en verdad, es una ley energética de que no se puede obtener nada sin primero dar algo a cambio. Tenemos que mantener el equilibrio energético de ambas partes, visitantes y visitados.

En otras palabras, siempre que alguien vaya a tu casa, así como va a recibir algo de ti —ya sea atención, cariño, comida, una bebida, etcétera— esa persona tiene que dar algo: un detallito, chocolates, flores, un abrazo, atención, buenos deseos, buenas intenciones, buenas vibras. Esto es algo muy importante, una regla de oro en las cuestiones energéticas de los hogares. Las personas que te visiten deben aportar algo en lugar de ir a tu casa a criticarte o a lastimar lo que más quieres. Yo no me permito convivir con ese tipo de personas y menos con alguien que viene con las intenciones de dañar mi matrimonio, mi negocio, o dañarme a mí como persona. Y ojo, no es que todo el tiempo pienses que alguien te hará daño, pero siempre es mejor tomar las debidas precauciones.

2. Los límites

Este apartado va muy de la mano con el anterior, pues se trata de que aprendamos a poner límites respecto a nuestro hogar. Recuerda que es nuestro segundo templo, es un lugar sagrado, por lo que tus visitas deben honrarlo y respetarlo, en lugar de que hagan lo que les dé su gana.

Con esto, quiero explicarte que los límites nos ayudan a cuidar el amor entre dos personas, y aunque hablaré más de esto en el siguiente capítulo, de una vez quiero que consideres que en tu hogar se deben de seguir tus reglas, pues como te comentaba anteriormente, se trata de que sea un lugar de bendición para ti y para aquellos a los que invites y que, de la misma manera, cuando las reglas están claras para todos los que viven y van a tu casa, siempre se la pasarán mejor. Al final de eso se trata: que disfrutes el lugar en donde vives, en lugar de ponerse el pie entre todos.

3. El altar

Yo te recomiendo tener un espacio en tu casa en el que tú puedas vivir tu espiritualidad a tu manera. Puede ser una mesita, incluso un lugar de tu casa en el que puedas hacer un altar, y ojo, no estoy hablando aquí de religión o algo sobrenatural; no, para nada. Sólo estoy hablando de la construcción de un espacio en el que te sientas inspirada, reconfortada e ilusionada. Que sea un espacio que te llene de mucha energía, paz y amor.

Este altar estará dedicado a lo que tú quieras: Dios, el Universo, los ángeles, la Naturaleza, tus sueños, tu vida futura, un ser querido que ya falleció, incluso a ti misma o a ti mismo. Y cuando digo que a ti, no me refiero a algo dedicado a tu ego, sino más bien a esa parte amorosa que hay en ti. Por ejemplo, como parte de mis cursos que están enfocados en el amor propio, a las chicas que están en un proceso de pérdida de peso, les pido que hagan un altar en el que pongan una foto donde no se sentían muy bien con ellas mismas, y otra en la que sí se sentían súper bien. El objetivo de ello es que se vean a ellas mismas y se manden mucho amor y cariño como parte de su proceso de sanación, pero principalmente para que se encomienden a la divinidad o en aquello en lo que crean.

Ya que sabes esto, de seguro te has de preguntar: "¿Qué elementos tengo que poner en mi altar?". Pues vas a poner lo que tú quieras. Puede ser una velita, incienso, un sahumerio, cuarzos o cristales, un mantelito, flores, semillas de la abundancia, fotos que te hagan sentir alegría, notitas con mensajes inspiradores, una libreta para escribir tus reflexiones, en fin, puedes poner lo que tú quieras. Y aclaro, no hay necesidad de colocar ningún elemento que no te haga sentir bien o te incomode —como podría ser algún símbolo extraño o alguna imagen religiosa—, sino que tiene que ser algo que te haga pasar buenos momentos, que te haga fomentar esa energía que quieres en tu casa, que te ayuda a manifestar lo que deseas.

LA INTENCIÓN Y PROPÓSITO DE CADA ÁREA DE TU HOGAR

Aquí te quiero platicar sobre cada una de las áreas de nuestro hogar, ya que cada lugar de nuestra casa tiene una energía particular, pues está hecho con una intención distinta y, si hasta añadimos que cada uno de nosotros tiene una historia de vida diferente, estas áreas que se impregnan de nuestra energía van a influir en nuestro entorno. Poco a poco iremos revisando cada una de estas áreas y vamos a ir aterrizando cuál es su intención energética.

LIMPIEZA

De acuerdo con lo anterior, aquí la pregunta del millón es ¿de qué quieres impregnar tu casa? Y más específicamente, ¿de qué energía quieres impregnar cada área de tu casa? Ya que en definitiva la energía de tu cuarto no es igual que la de tu oficina. Para que este punto quede más claro, te quiero contar una anécdota.

Mis tías usaban mucho que cuando limpiaban la casa, ponían, a todo lo que daba, canciones de "rompe y rasga", es decir, música de desamores. Y no porque ellas o alguien estuviera pasando por un mal momento amoroso, pero ahí estaban cantando a todo pulmón canciones de José José o de Ana Gabriel. Entonces, bajita la mano, con esas canciones lo que hacían eran impregnar la casa con dolor, sufrimiento, despecho, nostalgia, tristeza, etcétera. Estoy segura de que no eran conscientes de lo que hacían, sino que sólo replicaban un comportamiento que ellas vivieron.

Otro ejemplo de lo anterior es cuando las mamás se ponían a limpiar la casa malhumoradas porque nadie las ayudaba a limpiar y ordenar, sino que, por el contrario, ensuciaban y desordenaban. Tal vez hacían el quehacer de esa manera, enojadas, porque no les gustaba limpiar, o porque estaban tristes y simplemente no estaban de ánimo. El detalle es que, con esa actitud, estaban impregnando toda su casa de esas vibraciones de enojo y molestia.

También hay que tomar en cuenta la siguiente pregunta: ¿qué pasa cuando otra persona limpia tu casa? Pues es lo mismo. Aunque tú no lo hagas, está impregnando su energía de manera indirecta. Si tratas mal a la persona que te ayuda a limpiar, no le hablas bonito o no le pagas de manera justa, esa persona hará las cosas de mala gana, con vibraciones energéticas bajas, y todo eso se quedará en cada espacio de tu casa. Esto va a causar que no haya abundancia en tu hogar, en tu negocio u oficina. Por el contrario, si tratamos bien a la persona que nos ayuda con la limpieza, le pagamos de manera equitativa y hacemos que se sienta querida y amada, toda esa energía se va a impregnar en nuestra casa.

Además, mi consejo es que siempre le pongas a tu hogar tu toque personal, incluso aunque alguien más te ayude con ello. Por ejemplo, puedes reordenar y mover de lugar ciertas cosas de tu mesa, oficina o tocador. A lo mejor puedes hacer una oración, poner música relajante o con una letra inspiradora. El punto es que le pongas el punto final con tu energía, con tu vibra que, en otras palabras, es hacerlo con tu intención. Para ello te recomiendo que sigas los siguientes puntos:

1. Antes de comenzar a limpiar tu casa, debes tener muy en claro qué es lo que quieres impregnar en ella. Define cuál es tu intención.
2. Pon atención a tu estado de ánimo porque eso que sientes lo vas a dejar en cada espacio.
3. Ten en mente que un hogar se construye con tus intenciones, pensamientos, emociones, palabras y actos, así que cuida las energías con las que vas a alimentar tu casa.
4. Te recuerdo que es importante dejar ir todas esas cosas que ya no sirven o que ya no usas. En otras palabras, *desentilíchate*; aprende a soltar y dejar ir ya que ¿cómo esperas que lleguen cosas mejores a tu vida si no les das el espacio para que se manifiesten? Lo ideal es que ese proceso lo hagas durante la luna menguante, que es ideal para donar, regalar y tirar.

PROCESOS DE PERDÓN A TU CASA

En esta parte trabajaremos con el perdón, que está relacionado a procesos con emociones fuertes que experimentamos en nuestro hogar. Así como nosotros tenemos nuestra memoria, los espacios también la tienen. Por ejemplo, imagínate que años atrás te divorciaste, y que la noticia o notificación del divorcio te la dieron en la sala de tu casa; pues esa sala quedará impregnada con esa sorpresa o malestar. Tal vez un familiar se la pasó muy enfermo en una determinada habitación, incluso falleció ahí; bueno, esa energía se quedará en ese lugar. También pudo haber pasado que en tu recámara te fueron infiel, entonces allí permanece ese mar de emociones y energías que se desencadenaron ante la infidelidad. Además, nuestros recuerdos personales nos harán revivir dichos momentos una y otra vez, y se desencadenan al ver tal o cual habitación, tal o cual objeto.

Lo ideal para hacer un borrón y cuenta nueva sería que, si pasaste por un evento así, te mudes de casa. Pero sé que uno no siempre tiene las posibilidades o la voluntad para hacerlo. Entonces, lo más recomendable es que comiences un proceso de renovación de dichos espacios. El primer paso para esto es hacerte consciente de que no necesitas vivir en un espacio que te recuerde o te provoque más y más dolor, por lo que debes soltar ese espacio y lo relacionado con él. Es decir, si te divorciaste y tu expareja te regaló una plancha, y cada vez que la usas te recuerda a él o ella, pues lo ideal sería que la tires o la regales. Otro ejemplo sería que, si viste que tu pareja te fue infiel en tu propia recámara, y cada vez que entras ahí todo sigue fresco en tu memoria, lo mejor es cambiar por completo esa recámara: vender, donar o tirar esos muebles, incluso hasta el colchón y las sábanas. Después tocaría conseguir nuevos muebles que te hagan sentir más cómoda o cómodo. Todo esto suena muy extremista, pero será mil veces mejor, y mucho más amoroso, a que estés recordando lo sucedido a cada rato. Obviamente esta acción debe ir acompañada de otros procesos como ir a terapia, pues debemos llenarnos de aceptación y perdón. Justo por esto último, cuando ya hayas hechos ciertos cambios físicos en tu recámara, y cuando ya hayas comenzado un proceso de sanación, lo más recomendable es que vayas a esa habitación y realices un trabajo de perdón. Ya sea de pie, sentada o acostada, pide perdón y perdona a ese espacio, pídele ayuda a la energía nueva que ahora está ahí para que te ayude a sanar. Y si bien en el pasado ese espacio no fue de mucho amor o alegría por lo que pasó, pídele que te ayude a generar nuevas historias y acciones que impregnen ese cuarto. Por supuesto que hay muchas maneras de hacer esto, puede que sólo lo pienses mientras estás ahí, que lo digas en voz alta e, incluso, puedes escribir una carta. Si elegiste la carta, cuando la termines de escribir, te aconsejo que la leas, pero si te cuesta trabajo, no lo hagas; lo mejor sería que la quemes y que las cenizas las deseches en el desagüe o, si lo consideras necesario, consérvala y léela cada vez que lo requieras hasta que sientas que por fin puedes deshacerte de ella pues, de cierta manera, este proceso es como un duelo. Y recuerda que lo más recomendable es que estos procesos súper fuertes sean acompañados de la mano de un especialista.

Una vez que ya hayas hecho esto de soltar e ir a terapia y platicar con la energía del lugar, lo mejor sería honrar ese espacio para que florezcan nuevas posibilidades. Una opción sería redecorar el cuarto: pintar una pared o pintar toda la habitación de otro color, poner una planta, colgar un cuadro. También recuerda que es completamente válido si lo que deseas es reconstruir desde cero, es decir, que si tú sientes que lo mejor sería mudarte de habitación o de casa, hazlo, se vale. Cada quien sabrá qué es lo mejor de acuerdo a sus posibilidades, así que te invito a reflexionar con calma y a empezar a accionar de acuerdo con lo que en este momento es lo mejor que puedes hacer considerando tu situación actual.

Por último, quiero hacerte dos recomendaciones. La primera es que seamos muy honestas y honestos con nosotros mismos, pues es común que en un principio atravesemos por un proceso de negación y digamos que eso que pasó en realidad no fue para tanto o que no nos afectó mucho, cuando muchas veces en el fondo sí lo hizo, pero no lo queremos admitir. Es normal, date permiso de hacer una pausa y asimilar este suceso a tu propio ritmo. Y la segunda es que, muy posiblemente, con este apartado pienses: "¿Y también tengo que perdonar a mi pareja que me fue infiel?". Como el tema de las relaciones con otras personas es complejo, le he dedicado todo un capítulo, así que mi segunda recomendación es que sigas leyendo, más adelante se abordará el tema con mayor detalle.

ALGUNAS CONSIDERACIONES SOBRE LAS ÁREAS DE TU HOGAR

Lo primero que debes tener en cuenta es que podemos usar nuestra casa como un reflejo de lo que nos está pasando a nosotras y nosotros mismos. La información y reflexiones respecto a cada una de las áreas de tu casa son un mapa para que te des cuenta de cuáles son tus creencias limitantes, miedos y preocupaciones. Recuerda que es súper importante que tu intención esté involucrada en cada proceso energético, pues de nada sirve seguir todas las recetas y recomendaciones que existen, si tú, emocional y mentalmente, no te das el permiso de transformarte. Por ejemplo, si tienes problemas con la abundancia, de nada servirá que pongas tu frasco de semillas, que cuelgues un cristal del techo, que tengas una puerta roja, y que tengas mil cosas más, si tú de verdad no te permites vivir en abundancia.

Es por eso que al final de la explicación de cada una de las áreas, me interesa que aterrices la información para que veas qué es lo que está pasando y qué es lo que no está funcionando. El punto es que lleves a cabo las recomendaciones con la consciencia de lo que ello implica. Y aunque en cada una de las áreas voy a platicarte más a detalle, me gustaría ponerte un ejemplo para que esto quede más claro. Imagina que a una persona no le está yendo muy bien en su vida porque las cosas no le fluyen. No sabe por qué está pasando esto, pero cuando revisa su entorno, se puede dar cuenta de que su cochera —que casi siempre es el primer elemento de nuestro hogar— no está muy bien. Ya sea porque tiene muchos objetos arrumbados, restos de material de construcción o porque la pintura de la fachada está descarapelada. Si bien es cierto que desde la perspectiva del feng shui esto no está bien, lo más recomendable es observar la escena completa, ya que eso nos dará mayor claridad. Más que el hecho de tener la pintura descarapelada es entender cuál es la creencia que está detrás de ello, entonces cabría preguntarnos: ¿Por qué no hemos pintado la fachada? La respuesta más común que he escuchado en mis cursos es "porque no tengo dinero". Pero ¿ésa es realmente la razón? ¿O será que más bien hay una creencia de limitación o miedo a la pobreza que está causando esa postergación? He conocido muchas personas que sí tienen las facilidades económicas para pintar la fachada, pero no quieren hacerlo porque no lo ven como una prioridad y deciden esperarse para hacerlo en un futuro cuando el dinero les sobre. Cierto es que el dinero nunca sobra. Y en el caso de la acumulación de sobrantes de material de construcción, muchos dicen que no los tiran, venden o donan porque puede ser que en un futuro los necesiten. La verdad es que este tipo de pensamientos en realidad están evidenciando nuestra falta de confianza en el Universo. Mantenemos y retenemos porque tenemos la creencia de que el Universo no es vasto y que no hay suficiente para todos. Retener es no fluir, y es por eso que nuestra vida económica no fluye.

Lo anterior es sólo un ejemplo, y lo que quiero que quede muy claro es que el tema no es que la pintura esté descarapelada, sino cuál es el motivo que está detrás de esa falta de mantenimiento. Si dices que es porque no tienes tiempo, muy probablemente sea un reflejo de que tú tampoco te estás dando tiempo para tu mantenimiento personal: no comes bien, no duermes bien, no haces ejercicio, no tienes buenos hábitos. Lo importante no es que te des cuenta de que le hace falta una mano de pintura a la fachada, sino que veas la razón y entiendes la causa detrás de ello, pues de nada servirá que te pongas a limpiar tu fachada, si no sabes cuál es el pensamiento o crecencia que desencadenó eso. Así que ya lo sabes, es súper importante que contestes las preguntas que vienen al final de cada una de las secciones que vamos a revisar a continuación.

El jardín

Según el feng shui, el jardín refleja tanto nuestra salud como nuestra voluntad, y representa el crecimiento y la renovación; su cuidado simboliza el cuidado personal y el de la familia. En otras palabras, es un foco de abundancia. Sin embargo, si no está limpio y ordenado, no se manifestará esa abundancia. De las peores cosas que podemos hacer en esta área es tener basura, cosas que ya no sirven, en reparación, cosas que no nos gustan, tener plantas muertas, con plagas, enfermas, agua estancada o podrida en fuentes y recipientes, tener alimañas como cucarachas y ratas.

En caso de que la abundancia no esté fluyendo en tu vida de manera ideal, lo mejor sería que colocaras algo que ponga al agua en movimiento, por ejemplo, una fuente. Otra recomendación es que tengas plantas que den flores y/o frutos, en especial los árboles frutales. Y no es sólo tenerlos y ya, sino que debemos cuidarlos y expresarles nuestro amor y agradecimiento. Si estás pensando: "Oye, Karla, pero yo no tengo espacio para tener un jardín. ¿Qué puedo hacer?". No te preocupes, hay otras opciones muy sencillas. Tal vez puedes tener macetitas en tu balcón, un huerto urbano en tu azotea, un pequeño espacio de plantas en el patio, o bien, tener varios jarrones con flores por toda tu casa.

Por supuesto que también debemos de tomar en cuenta que los objetos de abundancia pueden ser muy distintos para cada uno, y lo que a alguien le funciona, a otro no. Para mi esposo, su objeto de abundancia en el jardín es el asador de carne porque lo asocia con la idea de invitar a muchas personas a convivir, a hacer grandes comilonas en las que puede compartir de su riqueza y bendecir la vida de los otros. En mi caso, me gusta tener una sala y un comedor grandes en los que pueda recibir a muchos invitados, ya que mi creencia es que genuinamente voy a tener lo suficiente para alimentar a cuantas personas vengan, pues el Universo es lindo conmigo.

Y ya que he tocado el tema del comedor, si bien más adelante en este mismo capítulo hablaré más a fondo al respecto, quiero platicarte el caso de una conocida. Resulta que esta chava es súper ahorrativa, y eso se ve en su comedor, pues tiene una mesa que está pegada a la pared y en la que sólo caben tres personas. Si también es tu caso, lo interesante sería preguntarnos: ¿por qué no tengo más espacio en mi comedor —o en mi mesa de jardín—

para recibir a más personas? Tal vez sea consecuencia de una idea de escasez o falta de dinero. Te invito a que anotes tus reflexiones en tu diario o bitácora espiritual.

PREGUNTA

¿Qué pensamiento o sensación crece como hiedra venenosa o plaga dentro de mí, que no me permite conectar con mi abundancia o plenitud?

....

....

Estoy segura de que todos tenemos constantemente en nuestra vida alguna creencia, situación o pensamiento, que por más que queremos ignorar, crece y crece con mucha fuerza. Por ejemplo, una vez una amiga me platicaba que cada vez que iba a una mueblería para comprar una sala más grande, justo cuando iba a cerrar la negociación con el vendedor, le daba mucho miedo que después no tuviera dinero debido a esa compra. Su mente le decía que su actual sala, aunque pequeña, aún estaba en buen estado y que no había necesidad de comprar otra, y ya no la compraba. Como este caso hay muchos, así que reflexiona por algunos minutos acerca de cuáles son estas creencias que crecen como plaga en tu jardín mental.

La cochera o el estacionamiento

Es un espacio que simboliza la movilidad y la capacidad de avanzar en la vida, y un estacionamiento limpio y ordenado sugiere una vida en la que puedes moverte sin obstáculos, en el que la energía puede entrar a tu casa y fluye; todo funciona, crece y se da. Ahora bien, ¿qué es lo que tengo que hacer para que esta energía se dé? Te comparto las siguientes recomendaciones:

1. Que la fachada de tu casa esté en buen estado.
2. Que el pasto esté cortado.
3. Que no haya basura innecesaria.
4. Que no esté ahí el material sobrante de construcción.
5. Que la fachada tenga buena iluminación.
6. Que las puertas funcionen.
7. Que la iluminación sirva y los números de la dirección sean visibles.

Obviamente los puntos anteriores se deben de llevar a cabo dependiendo de nuestras posibilidades. Lo que tiene que quedar claro es que en este espacio las cosas deben fluir, debe estar libre de obstáculos. Es por eso que debe estar sin objetos innecesarios que puedan crear desorden o estancar la energía.

En este sentido, las puertas o portones son súper importantes, y lo más recomendable es que funcionen correctamente, pues simbolizan nuestra apertura a las posibilidades que nos da la vida. Es innecesario y contradictorio que si lo que quieres es irte a comer el mundo y que todo se te dé con facilidad, tengas un portón que no sirve. Ya desde ahí estás teniendo un obstáculo. Aquí hay que entender que cuando se abren los portones es como cuando abrimos nuestros brazos para darle la bienvenida a las energías de aquello que queremos ver manifestado.

Asimismo, la numeración y la fachada de tu casa debe tener buena visibilidad, ya que esto es sinónimo de que no te estás escondiendo, que hay una dirección y visión clara de tu vida.

PREGUNTA

¿A qué tipo de situaciones le quiero dar la bienvenida en mi hogar y en mi vida?, ¿y qué necesito soltar y sanar para que esto sea posible?

....

....

¿No sé te ocurre qué poner? Tal vez puedan ser muchas situaciones llenas de alegría, gratitud, muchas experiencias, viajes, trabajo bien remunerado. Una vez que tengas claro qué quieres recibir en tu hogar y en tu vida, un buen ejercicio es que mientras estés recogiendo tu cochera y poniendo todo en orden, impregnes este espacio con tus intenciones y anhelos. Por ejemplo, puedes pensar o decir lo siguiente: "Estoy limpiando/ordenando/tirando .... y le estoy dando la bienvenida a ...."; "Estoy tirando estas botellas y latas vacías y le estoy dando la bienvenida a más trabajo y mucho mejor remunerado".

El cuarto de lavado

Simboliza la limpieza y la renovación, así que mantenerlo en orden es la capacidad de renovarse y de liberarse de lo viejo e innecesario. Entonces, lo mejor que podemos hacer es mantenerlo con la mayor higiene: no tener ahí ropa arrumbada o que ya no sirve; nuestros productos de limpieza deberían estar organizados y limpios; que todo lo que usemos en ese cuarto funcione correctamente y esté en buen estado.

Respecto a esta área de tu casa, me gustaría compartirte una anécdota mía. Como algunos ya saben, hace unos meses cambié mi lugar de residencia, de Guadalajara a la Ciudad de México, y justo antes de mudarnos tuvimos una plaga de ratas en el cuartito de la lavadora. No entendíamos por qué estaban ahí, y por más que intentamos que se fueran, no lo conseguíamos. Con el tiempo, dañaron la lavadora; después, hicieron lo mismo con la secadora. Y aunque la verdad no teníamos problema de que vivieran ahí, cuando nuestros electrodomésticos comenzaron a romperse, sí dijimos: "Hasta aquí".

Viéndolo en perspectiva, lo sentí como una llamada de atención para renovarme y para darme cuenta de que posiblemente mi casa estaba siendo un reflejo de mis emociones, porque en ese entonces yo ya sabía que me iba a mudar y que toda mi vida iba a cambiar. Entonces yo lo vi como una materialización del miedo que tenía a renovarme y soltar todo lo que ya no iba a estar presente en mi vida.

Pues resulta que, al mudarnos de casa, ya en la Ciudad de México, renové en su totalidad mis cursos, le di otro orden a mis videos, y transformé las bases de lo que pienso y creo. Mi propia imagen cambió por completo. Entonces, te puedo decir que muchas veces cuando tenemos alguna plaga o alguna situación de mucha alerta, como una fuga que no para o algo que no funciona al cien, yo recomendaría que lo viéramos como una llamada de atención, y no tanto por el tema de las alimañas o ese espacio en particular, sino por lo que representa en nuestra vida.

PREGUNTA

¿En qué área de mi vida deseo renovarme y de qué deseo liberarme?

....

....

El cuarto de servicio

Por cuarto de servicio tenemos que considerar el espacio de tu hogar en el que viven las trabajadoras del hogar o las niñeras. Esta habitación simboliza el respeto y el reconocimiento que se le tiene a estas personas y, por ende, el que te das a ti misma y a ti mismo en tu trabajo y/o en tus trabajos.

Este espacio también influye en la armonía y en la energía general de la casa. Así que, si le vas a dar mantenimiento a toda tu casa, ¿por qué no tomar también en cuenta esta habitación? Sobre todo lo digo porque en ocasiones me ha tocado ir a casas que usualmente sí tienen un cuarto de servicio, y la decoración de éste es totalmente diferente, mucho menos elaborada, con terminados distintos y materiales más económicos. La verdad es que no se me hace muy adecuado que exista esa distinción.

Y aunque el feng shui dice que este cuarto debe ser súper espacioso, la realidad es que no podemos tener mucho control de ello, pero lo que sí está en nuestro poder es acondicionarlo de la mejor manera. Por ejemplo, yo no tengo una casa propia, rento, pero aun así, y justo porque sé la importancia de este cuarto, también lo remodelamos. Verito es quien trabaja en la limpieza de nuestra casa, vive con nosotros —justo en esa habitación— y es uno de los pilares más importantes de mi casa, pues es quien nos ayuda a que ésta tenga orden, también a que podamos comer y hacer muchas cosas que para mi esposo y para mí son muy importantes, como desenvolvernos en nuestra área profesional. Nosotros decoramos su habitación igual que el estilo de nuestra casa: color de pintura, cuadros, tele, repisas y todo eso.

Entonces sí tenemos que revisar que sea un espacio amoroso, inspirador, y recordar que las trabajadoras del hogar son una parte esencial de nuestra vida y desarrollo, y que no es justo ni amoroso que estén en espacios indignos. Recuerda que como tratas a las personas y sus espacios termina siendo un reflejo del trato que te das a ti mismo.

Si tú no tienes un cuarto de servicio en tu hogar, pero sí hay una trabajadora del hogar, aplica exactamente lo mismo. Hay que tratarlas con respeto y dignidad. De nuevo, he sabido y hasta visto como algunas personas son muy mala onda con su personal de servicio: no los dejan agarrar agua, no les dan de comer, ni siquiera les pasan la clave del internet; analizándolo, llego a la conclusión de que esas personas no se respetan a sí mismas, y no valoran su propio trabajo, por lo que no lo hacen con el trabajo de otras personas.

Además, si el cuarto y/o personal de servicio están en tu negocio, con mayor razón debes cuidar estos aspectos. Antes, cuando vivía en Playa del Carmen, supe por una amiga que cierta tienda departamental tenía muy mal cuidado su espacio para el personal del servicio: las paredes mal pintadas, el techo con goteras y humedad, comedores al aire libre, en pleno solazo. La verdad es que debemos cuidar mucho todos esos aspectos para que la energía siga fluyendo de la manera correcta y hagamos más fácil nuestros procesos de manifestación y transformación.

PREGUNTA

¿Reconoces el esfuerzo y dedicación de lo que haces en tu trabajo?, ¿reconoces lo que los demás hacen?

....

....

La recámara principal

Nuestro cuarto es nuestro refugio y santuario personal en donde se debe promover la tranquilidad, el descanso y la regeneración. En el feng shui, la recámara está fuertemente asociada a las relaciones de pareja. Es un espacio en el que deberías de poder desconectarte de tus preocupaciones del mundo exterior y recargar tu energía. Lo mejor que podemos hacer ahí es platicar, estar con nuestra pareja, ver una película, descansar, dormir, y no tanto meterle la energía del trabajo que implica ser productivo y organizar tus pendientes. Recuerda que nosotros creamos nuestros espacios y es muy importante respetar esa energía. En este caso, lo ideal es que puedas llegar a tu cuarto y sentir seguridad y comodidad, un lugar en el que puedes bajar la guardia, en el que te puedas dormir rapidísimo. Pero si empiezas a mezclar la energía, será difícil que generes las condiciones ideales. ¿A qué me refiero con esto? Si tienes la maña de trabajar en tu cuarto, cuando intentes descansar, no ser productivo y recargarte de creatividad, será imposible porque vas a sentir mucha ansiedad y preocupación. Es por eso que debemos cuidar mucho la armonía de este espacio. Por ello, tampoco es recomendable que tengas discusiones con tu pareja en este cuarto.

En las cuestiones de la decoración es ideal que haya buena iluminación y ventilación. Además, si tienes pareja, lo más recomendable es que todo esté por pares: dos burós, dos lámparas, dos cojines, dos tapetes, dos peluches, una fotografía de los dos juntos, etcétera; incluso si estás soltera, soltero, y deseas tener pareja, se recomienda que pongas esta decoración en dúos, pues con ello estás mandando el mensaje energético de que estás preparada y lista para recibir a alguien en tu vida. O si no buscas una relación, poner las cosas en pares te ayudará a mantener el equilibrio de energías, para así tener la armonía que necesitas para poder tener un sueño reparador.

En este punto de la decoración, lo que deberías evitar es colocar cosas que se enfoquen en resultados que no quieres o que generen una energía desfavorable para tus procesos de manifestación y de cambio. Yo en lo personal, no pondría una pintura que refleje soledad, tristeza o productividad. Conozco personas que quieren tener una relación de pareja, pero en su cuarto hay puras pinturas de personas solas y tristes; la energía de la decoración contrarresta a la energía de sus anhelos.

A continuación, te enlisto otras recomendaciones que deberías tomar en cuenta:

1. *Tener una cabecera en la cama.* Esto nos ayuda a sentirnos seguros y respaldados por la vida. Según el feng shui, cuando no tenemos una cabecera es más complicado que podamos, al momento de descansar, sentirnos seguros y respaldados. Tampoco es bueno que tengamos cosas pesadas arriba de la cabecera —como una repisa— ni objetos puntiagudos.
2. *Evitar espejos.* No es recomendable que la cama esté colocada frente a ellos, pues esto impedirá que descansemos mejor.
3. *Desorden.* Hay que mantener siempre la armonía, empezando con el aseo en general.
4. *Tener plantas.* Lo recomendable es que éstas deben de ser de hojas grandes. Hay que evitar las que tienen espinas, las picudas y las que dan flores.

5. *Usar colores pasteles o neutros.* Éstos nos invitarán a descansar. Hay que evitar los colores muy fuertes, sobre todo el negro y el rojo.

PREGUNTA

¿Qué me da miedo de descansar?

....

....

En la actualidad, se tiene la cultura de que debemos ser muy productivos, potentes y poderosos, por lo que tenemos que estar todo el tiempo haciendo algo, cuando en realidad es igual de importante descansar: recostarte, ver una película, dormir bien, reflexionar, platicar contigo mismo. Incluso, muchas personas le tienen pavor a enfermarse o a hacer una pausa para descansar, pues se sienten ociosas, improductivas y que están desperdiciando su tiempo. Entonces, hay que analizar por qué me siento así cada vez que trato de descansar; qué creencia o experiencia hay en mí que me hace sentir así.

Ese miedo al descanso es lo que a veces causa que no elijamos la mejor cama, el mejor colchón, las mejores almohadas, la mejor pijama, ni los mejores objetos. Además, ese miedo causará que no lo tengamos ordenado y limpio, no va a oler rico, pues no queremos detenernos ni descansar tanto tiempo porque tenemos algo mejor que hacer.

Si no sabes cómo decorar tu recámara, piensa en las habitaciones de los hoteles que siempre nos invitan a descansar. Tienen colores monótonos. Camas grandes y con muchas almohadas y cojines. Cuadros con escenas relajantes. Una alfombra suave.

Unas cortinas que bloquean la luz exterior. Focos y luces cálidas. O si lo prefieres, y tus posibilidades te lo permiten, puedes recurrir a un profesional, a alguien que se dedique a la decoración de interiores.

La oficina

Ya sea que tu oficina esté en tu casa o en tu trabajo, ésta simboliza la productividad, la prosperidad, el desarrollo profesional y personal, por lo que debería ser un espacio dedicado a la concentración, al trabajo y a la realización de proyectos y objetivos. Como recomendación general de cada área, debe haber orden y limpieza, así como una armonía que fomente la claridad mental, la inspiración y la eficiencia. El espacio debe hacer que te sientas súper emocionado, súper recargado y súper contento de ese lugar. No importa que tu oficina sea un cubículo o algo pequeño, mientras tengas los elementos que te hagan sentir bien. Ya sea que el escritorio esté bonito, que la silla esté linda o que huela rico. Lo importante es que tengas objetos que te ayuden a sentirte motivado, como pueden ser certificados, reconocimientos, arte, fotos de tus viajes, de tus seres queridos, de tus hijos. Y ya que hablamos de fotos, hay dos elementos esenciales que te recomiendo que consideres. El primero sería tener un centro de logros: estaría genial que una pared, algún cajón, o donde puedas, esté destinado para que veas todo lo que has logrado, todo lo que has conseguido, pues eso te dará la confianza y motivación que necesitas para hacer tus proyectos, para conseguir tus metas. El segundo sería tener un *vision board*, que no es más que este panel o tablero en el que colocas de manera gráfica —con fotos, recortes, dibujos, ilustraciones— todas esas cosas que deseas lograr, todo aquello que quieres construir.

También tenemos que considerar cómo acomodamos nuestro escritorio. Éste debería darnos una vista clara hacia la puerta y hacia todo tu espacio de trabajo, ya que lo peor que podemos hacer es darle la espalda a la puerta porque vamos a estar todo el tiempo en alerta. Lo mejor es que tu espalda dé hacia alguna pared, pues así tendremos una mejor visibilidad de lo que estamos haciendo.

PREGUNTA 1

¿Qué tanto me permito tener ambición, logros y prosperidad en mi desarrollo profesional y personal?

....

....

¿A qué me refiero con esta pregunta? Por ejemplo, conozco a varias mujeres que sus parejas no aprueban que crezcan profesional ni laboralmente; como que sus logros son minimizados tipo "para qué le dedicas mucho tiempo a tu carrera si lo que tú haces no va a tener mucha importancia". Y esto se ve reflejado en sus oficinas, pues son espacios que no inspiran, que no recargan, que no las hacen sentirse fuertes ni emocionadas, sólo es una oficina más, que sí, van a trabajar, y están ahí mucho tiempo, pero se nota que no se sienten respaldadas, ni apoyadas, no se permiten crecer ni ser exitosas en su ambiente.

Es por eso que en este espacio de la oficina vamos a complementar la pregunta principal con una secundaria.

PREGUNTA 2

¿Qué me motiva en mi vida y cómo puedo impregnar mi oficina de esa energía?

....

....

A mí me motiva mucho viajar, y algo que me ha funcionado muy bien es tener fotos mías en mis viajes porque son momentos que me traen felicidad y, literal, para eso trabajo. Hay amigos a los que les encantan los conciertos, y tienen fotos de ellos en esos eventos o boletos de los próximos conciertos a los que van a ir, pues eso los mantiene motivados y enfocados en sus actividades, les recuerdan por qué hacen lo que hacen. También tengo amigos que ponen fotos de sus hijos o de sus familias, ya que eso les hace recordar que trabajan para darles bienestar. Como ves, las opciones son muchas, sólo tienes que encontrar la que mejor te funcione.

Los baños

La importancia energética de los baños se asocia con la eliminación de lo viejo o negativo y, al hacerlo, nos ayudan a facilitar la purificación y la renovación, razón por la cual es necesario que estén limpios y que tengan un buen mantenimiento pues, lo que pasa con muchos baños, es que carecen de un buen estado, tienen puertas que no funcionan, espejos rotos, toalleros caídos y, lo más común, fugas de agua. El agua se asocia con la riqueza y con la energía positiva que fluye en estos espacios; entonces, lo mejor que podemos hacer para que no se nos escape la riqueza en nuestros hogares es cerciorarnos de que el agua no se esté fugando en ningún lugar, ni por la regadera, taza o lavabo, no importa que sólo sean goteras, hay que repararlas. Además, siempre se recomienda que la tapa del inodoro se mantenga abajo y las puertas del baño cerradas.

Lo ideal es que el baño sea un espacio en el que nos podamos relajar y rejuvenecer de alguna manera, por lo que es importante tener elementos que contribuyan a ello, a que nos relajemos y nos desconectemos. Tal vez puedas poner alguna vela, algún cuadro y aromas ricos.

Finalmente, hay que tener en cuenta que una de las peores cosas que podemos hacer es usar los baños de bodegas, ya que éste es un espacio que fue hecho para que el agua fluya y si yo la tengo estancada con un montón de tiliches, pues no es muy recomendable que digamos, en especial si es un negocio, ya que esto bloqueará la prosperidad.

No importa cuántos baños tengas en tu casa, esta información aplica para cada uno de ellos.

PREGUNTA

¿Qué estoy reteniendo en mi vida y no quiero soltar? ¿A qué me da miedo abrirme o recibir?

....

....

Las escaleras

Conectan los diferentes niveles de la casa y simbolizan el flujo de energía y la conexión entre los distintos aspectos de nuestra existencia, el crecimiento, la expansión y los siguientes retos o niveles de nuestra vida. Lo más recomendable es que estén bien iluminadas, sean seguras, tengan algún barandal firme y los escalones estén bien puestos, que no sea un riesgo subir o bajar para que sientas seguridad al caminar en ellas. Además, ayuda mucho la decoración, especialmente los cuadros con temáticas de paisajes naturales o fotografías de familiares. El punto es que lo que pongas ahí dé una sensación de serenidad, calma y seguridad. Por supuesto, no es recomendable tener objetos que impidan el paso.

PREGUNTA

¿Qué me está dando miedo de crecer o de expandirme? ¿Cuál sería el siguiente nivel de eso que tanto quiero, pero que aún no me siento lista, listo, para experimentarlo?

....

....

El cuarto de entretenimiento

Este espacio simboliza la relajación, el disfrute, el gozo, la conexión social, la capacidad de disfrutar la vida. Por esta razón se recomienda que sea un espacio de comodidad en el que todo funcione correctamente, que todo esté acomodado y ordenado.

Hay que destacar que la forma en la que se ve y se concibe este espacio influirá en el flujo energético de la casa. Este cuarto por lo regular se define incorrectamente como:

1. *Exclusivo para niños y adolescentes.* Sólo ellos tienen el permiso de disfrutar la vida porque no tienen las responsabilidades de un adulto; ellos sí pueden tener tiempo libre.

Y entonces en este tipo de cuartos sólo hay juegos de mesa, videojuegos o elementos que excluyen a los adultos.

2. *Un lugar sólo para adultos.* Es un bar o un espacio que normalmente está destinado al hombre de la casa, en donde se pone súper borracho cada semana, y en el que la mayoría de las veces no se admite a las mujeres. No es un espacio familiar por lo que no se permite el balance.
3. *Una habitación innecesaria.* Lo importante es trabajar y dormir, por lo que no se debe desperdiciar el tiempo en ocio y recreación. La diversión se concibe como una forma de desperdiciar el tiempo. Recuerdo que en una ocasión una amiga me platicó que aunque en su casa había un cuarto de entretenimiento, nunca se usaba, pues en su familia todo era trabajo y no había espacio para disfrutar, descansar, reír y conectar con el arte y sus manifestaciones (como las películas o los libros de ficción).

A pesar de lo anterior, lo importante es que crees tu cuarto de entretenimiento acorde con tus valores de vida. Tal vez seas enemigo de los videojuegos porque consideras que es muy importante moverte, bueno pues no es necesario que tengas videojuegos ahí, tal vez podrías poner una mesa de ping-pong. Si eres una mujer soltera a la que le gusta conversar con sus amigas, tu espacio de entretenimiento será un lugar en el que puedan platicar y echar chismecito de manera muy rica. Opciones hay muchas, pero lo importante es que esté adaptado a ti y no a lo que la mayoría de las personas hacen con su cuarto de entretenimiento.

Además, hay que decir que este espacio debe ser congruente con tu estilo y forma de vida, o incluso con tus anhelos. Por ejemplo, si quieres tener pareja y familia, lo ideal sería que este cuarto sea un espacio en el que puedan estar muchas personas y de diferentes edades para que todos se la puedan pasar bien sin excluir a nadie. Porque si lo que quieres es tener una pareja y familia, pero tu cuarto de entretenimiento está diseñado para alguien que está soltero, tal vez deberías cambiarlo.

PREGUNTA

¿Durante tu infancia se te permitía disfrutar de la vida y relajarte?

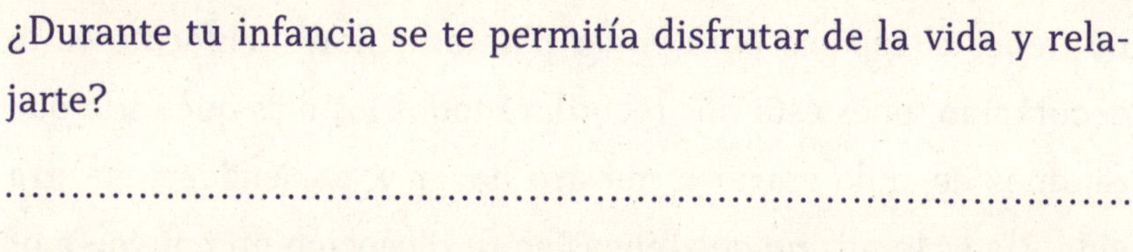

Piensa en la dinámica que tenías en tu casa, con tus papás, cada vez que había un momento de entretenimiento. Esa diversión, ¿se daba sólo cuando había alcohol?, ¿las mujeres no eran bienvenidas? Reflexiona en ello y escríbelo. Verás que identificando estas vivencias podrás saber cómo disfrutar más de tu presente y de tus momentos de recreación.

La recepción o entrada

Al igual que con la cochera, es súper importante que las puertas de este espacio funcionen correctamente, pues es el espacio en donde vamos a recibir en nuestra vida, casa y hogar, todo lo que le permitamos al Universo. Lo más importante es mantener la recepción despejada y bien iluminada, de manera que se sienta acogedora y que invite a la positividad, razón por la cual no es buena idea acumular zapatos, ropa u objetos que no sirvan. Es bastante común que en algunas casas tengan un mueble en la entrada en el que ponen las llaves, pero por lo regular, ese mueble se convierte en un botadero de notas, hojas, recibos, facturas y sobres, que muchas veces ya no sirven y tienen ahí semanas, meses e incluso años, y lo peor que podemos hacer es tener desorden.

Para que la energía fluya y entre correctamente a la casa desde la entrada, tenemos que procurar que este espacio se sienta bien. Por eso se recomienda tener en esa área plantas de hojas grandes y flores, para que revitalicen el espacio y huela rico. Si no tienes el espacio para poner plantas y flores, enfócate en la decoración, pues ésta nos recordará todos los días qué es lo que estamos dejando entrar a nuestro hogar y, por ende, a nuestra vida. No es lo mismo que tengas en tu recepción un bote de monedas, fotos de esos momentos bonitos que has tenido en tu vida o un frasco con semillas y especias, y no porque estos elementos de manera mágica van a traer felicidad y abundancia, sino que nos van a hacer conectar con esas vivencias y anhelos que elevan nuestra frecuencia personal. Están ahí para recordarnos lo que merecemos.

En definitiva, lo anterior es mucho mejor que llegar a nuestra casa y ver la factura que no hemos pagado, el recibo de la colegiatura que está pendiente, la bolsa de basura que no hemos tirado, la bolsa de ropa que no hemos tirado, donado o regalado; por supuesto que la impresión no será la misma, y desde que entremos a nuestra casa nos vamos a sentir abrumados o desanimados.

Entonces ya lo sabes, lo mejor es tener cosas que nos recuerden eso que queremos impregnar a nuestro hogar, ya sea paz, abundancia, amor o felicidad. Lo más importante es que cada vez que entremos a nuestra casa recordemos lo que queremos vivir en nuestros ambientes y espacios.

PREGUNTA

¿A qué le doy la bienvenida en mi hogar?

....

....

Lo que respondamos realmente tenemos que reflejarlo en nuestra recepción cada vez que entremos, tanto físicamente, como con nuestra actitud. No es lo mismo que llegues a tu casa todo enojado por el tráfico y que en suma lo primero que veas sea un cochinero —donde ni siquiera hay un lugar en el que puedas poner tus zapatos, tu bolsa o tu suéter—, a que llegues y huela rico, o que veas una foto familiar que te gusta mucho, que haya una alfombra suave y entonces pienses: "¡Wow!, por fin llegué a mi lugar seguro!".

Recuerda que la recepción debe ser como ese apapacho que recibes cuando llegas a la casa de tu abuelita o de la tía buena onda, en donde entras súper cansado y drenado energéticamente, te abrazan y te dicen: "Ten, aquí tienes un chocolatito bien caliente; deja aquí tu chamarra". La recepción es ese apapacho que nos podemos dar todos los días.

La cocina

Lo que simboliza es que es un centro de nutrición y de salud que representa la riqueza y la prosperidad de los habitantes. Sabemos que el tema de la verdadera riqueza contiene una buena economía, una buena relación con nuestro entorno y una buena salud.

Yo considero que también la cocina definirá tanto nuestro presente como nuestro futuro. Y para comprender mejor esto, debemos de reflexionar respecto a con qué nos estamos nutriendo, porque, así como eliges tener comida chatarra, probablemente decides tener amistades chatarra, pensamientos chatarra, y ver programas chatarra.

Al igual que con las demás áreas, debemos de tener todo ordenado y limpio, en especial la estufa, ya que simboliza la abundancia. Además, tiene que funcionar correctamente, nada de que un quemador no sirve, que le faltan tres perillas o que una se rompió, que el foco del horno no enciende, todos esos detalles hay que cuidarlos muy bien. También debemos de revisar que todos los electrodomésticos estén en buen estado y que sí funcionen, pues muchas veces tenemos aparatos rotos o descompuestos, ahí arrumbados, porque según nosotros vamos a repararlos en un futuro. Asimismo, no deberíamos tener ningún elemento de la vajilla roto, despostillado o en mal estado, en especial con la cristalería.

Y así como es muy importante fomentar en la cocina los temas de salud, también lo es estimular la convivencia entre los habitantes del hogar. Que la cocina sea un espacio en donde platiquen, se rían, y pasen buenos momentos pues, al final del día, es lo que estás cocinando para tu vida, es lo que estás sembrando para tu futuro.

PREGUNTA

¿Cómo puedo tener una vida más nutritiva y saludable?

....

....

La alacena

Simboliza la abundancia y la capacidad de proveer y nutrir. En el feng shui tradicional, si en tu alacena o cocina tienes una plaga de cucarachas u hormigas, se considera que la energía de este espacio está mal. Sin embargo, yo más bien considero que la manifestación de dichas plagas es el resultado de alguna creencia en particular o de alguna problemática por la que estés pasando. Tal vez tienes miedo de ser abundante, tienes miedo a no poder sobrellevar tus gastos corrientes, tienes miedo de no ser capaz de proveer económicamente a tu familia o a ti misma, a ti mismo. Entonces, estos animalitos vienen a mostrarte ese miedo que tienes, pues llegan de una manera que no puedes controlar, en cantidades que no puedes controlar y toman cosas que no puedes controlar, y justo esta falta de control es el miedo de muchas personas, como lo que te platiqué de las ratas en mi anterior cuarto de lavado.

Además de atender el tema de la plaga con algún tratamiento, también hay que buscar una forma de almacenar de mejor manera nuestros alimentos y, lo más importante, hacer un trabajo de introspección en el que analicemos qué es lo que nos genera un miedo a la escasez o a no tener la capacidad de proveer. Piensa en qué viste o qué te dijeron cuando eras niño, ya que muchas veces es en esa edad cuando nos formamos ciertas ideas que posteriormente nos condicionan. También es súper importante considerar qué es lo que nos contamos a nosotros mismos, ¿por qué creemos que nuestra capacidad de proveer no es suficiente? Conozco a muchas personas que les va muy bien económicamente, pero a pesar de tener el espacio suficiente en sus alacenas, éstas siempre están vacías o con pocas cosas, prefieren ir al supermercado todos los días en lugar de planificar su despensa de una manera estratégica. Es posible que la creencia que está detrás de estas acciones es que no se permiten ver hacia el futuro o les da miedo invertir mucho en una ocasión, sienten que están haciendo un despilfarro de su dinero, y mejor prefieren gastar poquito todos los días.

Ahora bien, si sí tienes la capacidad de proveer, analiza por qué lo haces, ¿tienes miedo a que luego no habrá suficiente?, ¿o porque quieres tener mucho para compartir? Si es el primer caso, entonces el miedo a la escasez sigue presente en tu sistema de creencias, y no es exactamente sinónimo de tener abundancia ni prosperidad. Es cierto que tampoco se trata sólo de tener una alacena atascada de un montón de cosas. Yo conozco a varias personas que tienen sus alacenas repletas de mucha comida, pero en su mayoría son alimentos procesados, comida chatarra o alimentos que ya caducaron. Y si en el presente no se están alimentando físicamente de la mejor manera, es muy probable que tampoco estén nutriendo sus planes y proyectos.

En resumen, usa el siguiente esquema para hacer tu trabajo de introspección:

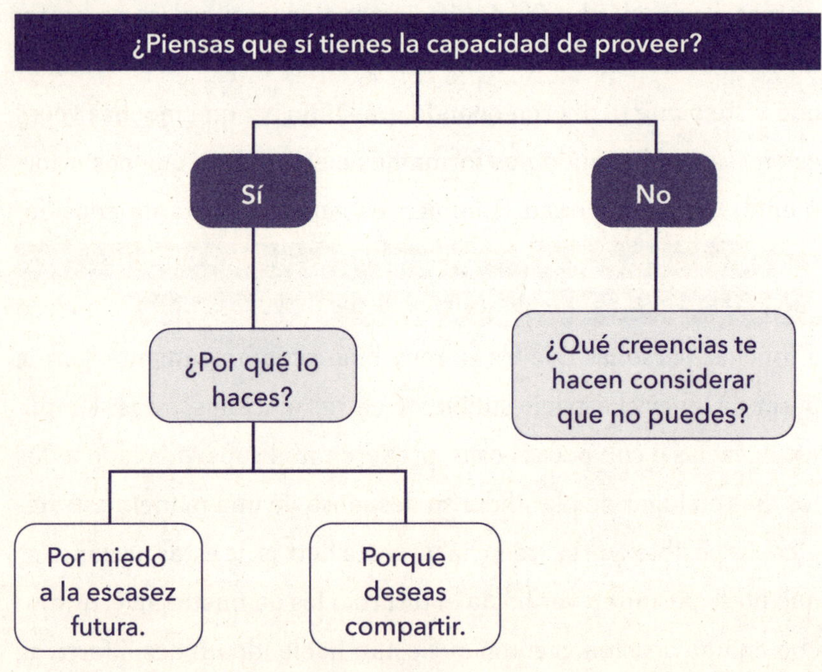

El comedor

Éste simboliza la unión, el compartir y el comunicar. Es el espacio central en las reuniones y relaciones familiares y sociales. Lo más recomendable es tener una mesa amplia y un espacio despejado en donde las personas puedan sentarse cómodamente, comunicarse y pasársela bien. Y aunque el feng shui recomienda que se utilice una mesa ovalada o redonda con el fin de demarcar la misma importancia en todos los comensales, no pasa nada si la que tienes es cuadrada o rectangular. Sobre ella, se recomienda poner fruteros, floreros o cestos de pan, pues las frutas y las flores son sinónimo de abundancia.

En cuanto a otras decoraciones que podamos agregar, se sugieren todas aquellas que tengan la idea de la abundancia, como podría ser el cuadro con frutas o un océano. Justo por la idea de vastedad, se recomienda tener un espejo en esta área, pues va a reflejar esa opulencia, riqueza y prosperidad con la que deseamos impregnar nuestro hogar. Por supuesto que nuestros muebles deben ser cómodos, en especial las sillas del comedor.

No se recomienda que el comedor se utilice para fines varios, sobre todo como espacio para trabajar, ni que se tengan muchos objetos ahí acumulados. Tampoco se aconseja tener una televisión en esta área porque ésta impediría una convivencia real.

Las recomendaciones anteriores se enfocan más en la parte de la composición física, pero ahora vamos a centrarnos en la parte emocional y mental. El primer paso que deberíamos hacer es sanar la relación que tenemos con nuestro comedor o con la idea de un comedor en general. Y es que a veces no nos acordamos, pero puede haber eventos de nuestro pasado que pudieron originar el posible malestar que tenemos con este espacio. Tal vez el comedor era el lugar donde tus padres se lanzaban indirectas, donde te molestaban o regañaban porque no ibas bien en la escuela, incluso es posible que cada uno tuviera actividades muy diferentes y cada quien comiera a sus horas, por lo que siempre comías solo y eso te provocaba tristeza. Bueno pues, es justo el momento de sanar estas partes de ti, de que digas como adulto: "Okey, yo puedo crear el comedor que yo quiera; puede ser tan armonioso, divertido y libre como yo desee, y no tiene que ser ni sentirse como yo lo sentí en mi infancia".

También hay que considerar que el comedor es el que refleja nuestra relación con nuestro cuerpo y nuestros alimentos. Si alguna persona tiene un problema de desórdenes alimenticios, el comedor será un lugar de batalla en donde es posible que diga: "Quiero comerme todo, pero no puedo; me estoy sintiendo mal, pero tengo culpa porque tengo que comer mejor". Además de acudir con un especialista que te ayude —llámese médico, psiquiatra, psicólogo, nutriólogo, etcétera—, yo te recomiendo que hagas las paces con este lugar y contigo mismo, que cierres los ojos y que le digas a tu cuerpo que le estás dando lo mejor que puedes en ese momento, o que hiciste el esfuerzo para hacerlo, que no tienes por qué castigarte y que eliges ser linda y lindo contigo en ese momento y en ese lugar.

Recuerda que el comedor, como todas las áreas de tu casa, no tienen por qué ser un lugar de sufrimiento ni nada por el estilo. El comedor, como dijimos al principio, también se asocia con la comunicación, así que también debemos cuidar ese aspecto. Muy probablemente, desde nuestra infancia, nos hicieron creer que teníamos que poder con todo, que teníamos que ser buenos en todo y que no debíamos pedir ayuda, porque si lo hacías, eras un "perdedor". Pero recuerda que tienes la elección de no cargar con nada, de no tomar nada como problema propio y de no resolver las cosas en soledad. Está bien pedir ayuda y comunicar tus necesidades, decir cómo te sientes, hacerlo te hará sentirte mejor, más libre, y con mayor capacidad para disfrutar la vida.

PREGUNTA

En mi historia de vida, ¿cómo percibo y cómo es percibido el acto de comunicar y compartir?

....

....

Estoy segura de que hace pocas generaciones, las mujeres no se la pasaban muy bien, las golpeaban, las violaban, y las hacían tener como 14 hijos, y ellas tenían que actuar como si nada pasara, como si todo estuviera bien. Comunicar sus problemas y sufrimientos era algo que ni siquiera se consideraba pues cada una de ellas debía de aceptar la vida que les había tocado vivir.

Por ejemplo, yo en mi casa crecí sin el ejemplo de compartir. Recuerdo que en cierta ocasión cuando estudiaba la prepa, mi mamá me había mandado un paquete de galletas como parte de mi desayuno a la hora del receso. Yo estaba muy feliz abriendo mi paquete cuando se me acercó una compañera y me pidió una; yo le dije que no. Después supe que no traía lonche y tenía hambre. Luego de ese suceso me sentí tan mal que me dije: "¡Cómo es posible que no pueda compartir una galleta! Tengo que cambiar y aprender a compartir". Luego de trabajar mucho en estas creencias que tenía, ahora puedo decir que no tengo ningún problema con el acto de compartir y que, justo por eso ahora tengo un comedor súper grande en el que puedo invitar a muchas personas para que coman y convivan en él, en donde les sirvo los mejores postres que tengo en mi casa, los mejores dulces, las mejores bebidas. Si tengo que preparar un platillo, utilizo los mejores ingredientes. Siento que ya trabajé mucho esa parte que años atrás no me permitió compartir una galleta, ya que hoy en día disfruto mucho al compartir con los demás.

Entonces, a manera de guía y para poder contestar la pregunta de esta sección, reflexiona en qué necesitas soltar en este momento para sentirte más liviana, ligera y en paz, bajo el entendido de que comunicar siempre hará que nos sintamos mejor. No importa por lo que estés pasando, seguramente las personas con las que vives son las indicadas y las mejores para poder lograrlo y hacerte sentir mejor.

La sala

Es un espacio de socialización, de diversión, de convivencia y de pasársela bien. Aquí es donde se ven expresados los valores y gustos más profundos de las personas. Por ejemplo, puedes ir a la casa de una persona que lee mucho y muy probablemente en la sala es donde tendrá sus libros, o si vas a la de un coleccionista de arte, seguro tendrá varias piezas en su sala. Por esta razón deberías darte permiso de llenar tu sala con tu toque personal. En cuanto a la cantidad de sillones o sillas que deberías tener, no hay un número especifico, puedes tener tantas como quieras, el punto es que la sala se convierta en un espacio cómodo, rico y divertido para convivir con tus seres queridos. Por último, lo único que no se recomienda para este espacio es que tengas cosas muy grandes, como centros de mesa, lámparas o floreros que bloqueen la visibilidad entre los presentes.

PREGUNTA

¿Qué percepción tengo de las cosas que pasan en la sala?, ¿qué deseo liberar? Durante mi infancia, ¿qué es lo que sucedía en mi sala?

....

....

Yo recuerdo que en la sala de la casa de mis papás la convivencia usualmente se daba entre pocas personas. Si era un cumpleaños, sólo acudían algunos familiares, y si eran reuniones con amigos, sólo podían asistir unos cuantos. Yo, la verdad, es que no hice mucho clic con eso y me dije: "¿Sabes qué? Yo sí quiero crecer y tener muchos amigos —pues mis papás tenían pocos—, y sí quiero convivir e invitar a muchas personas", entonces cambié mucho esa parte.

Esto te lo cuento para que reflexiones sobre qué tanto miedo le tenemos a nuestra sala. Yéndonos al pasado, tal vez nos demos cuenta de que la sala era el espacio donde nos regañaban, donde la familia entera se reunió después del fallecimiento de algún pariente, donde tus padres te dieron malas noticias, en fin, puede ser que hayas vivido un suceso muy fuerte emocionalmente que te haya marcado por mucho tiempo. Justo esta reflexión es para que pienses en todas esas cosas que no te hacen sentir comodidad y libertad en tu sala, que te hagas consciente de ellas y digas: "No seguiré más con esos bloqueos emocionales, pues yo sí quiero pasármela bien y tener amigos; sí quiero convivir con otras personas que viven en mi casa; si quiero disfrutar y platicar con libertad".

ACTIVIDAD: LA CARTA A MI CASA

Para finalizar con este capítulo, me gustaría hacer hincapié en que recuerdes que todas las relaciones y todos los acuerdos se tratan de dar y recibir, y así como estás viviendo en tu casa, y ésta te está dando mucho, también deberías de darle mucho. Es por eso que te invito a que hagas una última actividad: vas a escribirle una carta de agradecimiento a tu casa. Lo primero que te recomiendo es que le pongas un nombre, un apodo de cariño que te ayudará a tener mayor conexión con ella.

Aquí te dejo un ejemplo de qué podrías hacer:

Querida ....

(y vas a poner el nombre que le pusiste a tu hogar; si no sabes cómo nombrarlo, simplemente escribe casa u hogar), gracias por dejarme vivir aquí. Gracias por tus hermosos lugares e inspiradores espacios.

Te prometo llenar esta casa de amor, armonía, buenos momentos, carcajadas y abundancia.

Permito que este hogar sea un espacio de crecimiento para mí y para todos los que viven en él, y me comprometo a que también lo sea para todas las personas que vengan a visitarme, para todas aquellas que lo necesiten. Siempre serán bienvenidas aquí.

Prometo cuidarte, darte el cariño y el mantenimiento necesario por el tiempo que decidamos mantener esta relación.

¡Muchas gracias por todo!

Te quiero mucho...

Karla Barajas

Ahora es momento de que hagas la tuya. ¡Mucho éxito!

MEDITACIÓN PARA VISUALIZAR EL ESPACIO DE TUS SUEÑOS

4
RELACIONES SANAS

MEDITACIÓN PARA ENFRENTAR LA VERDAD DE TUS RELACIONES

> "Las relaciones nutren, no dañan".
>
> Nataniel Orea

EL SECRETO PARA MANIFESTAR

Deseo que este capítulo sea revelador, transformador y de beneficio total para ti. Te quiero contar el gran secreto que me ha ayudado a lograr mucho de lo que deseo y a convertirme en eso que antes admiraba y que sentía lejano para mí. El secreto está en elegir cuidadosamente mi círculo cercano. Si mi círculo cercano no está alineado conmigo o con lo que yo deseo conseguir, por más que me esfuerce en todas las demás áreas de mi vida, será muy complicado avanzar, pues es como ir a contracorriente; los pequeños pasos que haga serán anulados por la energía nociva de mi entorno. Siempre alguien podría hacer algún comentario hiriente contra mi cuerpo, o podría traer algún conflicto a mi hogar.

Y aunque los cursos que tomas y las terapias a las que asistes son de suma importancia para tu proceso de mejora personal, ni tu persona, ni tu hogar ni tu vida en general estarán del todo limpias y libres de energías indeseables, si en tu entorno hay personas que constantemente envenenan tu mente y tu espacio de vida con sus comentarios, acciones, omisiones y actitudes. Y hay que recordar que esas personas tóxicas están en tu vida porque, como ya vimos en otros capítulos, cada uno de nosotros aceptamos el amor que creemos merecer. A propósito de esto, justo tengo una anécdota que nos ayudará a ponernos en esta perspectiva.

En una ocasión, cuando impartía uno de mis cursos, le di una sesión particular a una chica para ayudarla a hacer su sueñógrafo. Ella me contaba sobre todos sus sueños, sobre todo lo que quería lograr, y yo le iba explicando cuáles eran las mejores recomendaciones para conseguirlo; le decía: "Claro que sí, vamos a plasmarlo de esta manera y vamos a poner esto otro...".

Por cierto, y haciendo un paréntesis, un sueñógrafo es una herramienta de manifestación —que explico con mayor detalle en mi otro libro *Manifestación sin tanto rollo*—, que consiste en poner en alguna parte de tu casa un tablero o cartulina, con recortes, dibujos e ilustraciones de todo aquello que deseas lograr en los siguientes 15 a 18 meses.

El caso es que, días después, ella me contó muy emocionada que ya había terminado su sueñógrafo. Lo vi y la verdad es que le había quedado súper lindo, me entusiasmé mucho al verlo y le deseé que el Universo le concediera todos esos sueños, que tuviera la facilidad para lograrlos y que encontrara la fuerza para poder pedirlos. A los pocos días se puso en contacto conmigo y me dijo, llorando y desconsolada, que su esposo había agarrado su sueñógrafo y lo había destrozado justo en su cara. La verdad es que me quedé sin palabras. Después de reaccionar, la ayudé a tranquilizarse. Sin embargo, yo me quedé pensando en que "¡Cómo esperas conseguir tus anhelos y muchas cosas súper lindas para tu vida, si la persona más cercana a ti, con la que pasas la mayor parte de tu tiempo, hace eso con tus más grandes sueños!". Personalmente veo imposible poder llegar a cumplir esas grandes metas que posees si las personas a tu alrededor no se alegran por ti, no te impulsan, ni te fortalecen, sino todo lo contrario.

ACTIVIDAD

Cómo esperarías sentirte cómoda para lograr grandes cosas, si quienes te rodean no te hacen la vida más simple. A manera de introducción, me gustaría que hicieras un trabajo de introspección. Piensa en esas metas, objetivos y sueños más importantes o significativos que has logrado en tu vida. Reflexiona: ¿quiénes me ayudaron a conseguirlos? O, por el contrario, ¿quiénes obstaculizaron su concretización? A qué me refiero con que alguien obstaculice tus logros: esto puede ser desde algo mínimo hasta algo más grande. Por ejemplo, alguien puede reírse de tus ideas, hacerte comentarios negativos acerca de tus proyectos, destruir tus materiales de apoyo, no dejarte modificar tu espacio de estudio o trabajo, etcétera.

Para ello, te invito a que llenes la siguiente tablita. En el primer renglón te puse un ejemplo:

¿Qué sueños, metas y objetivos he conseguido?	¿Quiénes me ayudaron a conseguirlo?	¿Quiénes no ayudaron a conseguirlo?	¿Por qué?
Ver las auroras boreales.	Mi esposo.	Una tía.	Mi esposo hizo lo posible para que pudiéramos viajar a Islandia. Mi tía decía que eso era muy costoso y por eso era imposible, así afirmó que yo nunca las vería.

¿Qué sueños, metas y objetivos he conseguido?	¿Quiénes me ayudaron a conseguirlo?	¿Quiénes no ayudaron a conseguirlo?	¿Por qué?

CONOCE A TU CÍRCULO MÁS CERCANO Y SABRÁS QUIÉN ERES

ACTIVIDAD

En este apartado quiero que pienses en las personas que conforman tu círculo cercano. ¿Cuáles son sus características y/o cualidades? Te sugiero que en este proceso sueltes tus inhibiciones y penas para que puedas definirlos. En mi caso, la persona más cercana en mi círculo de apoyo es, obviamente, mi esposo. Él es considerado, cálido, comprensivo. Como ves, sólo usé palabras sencillas, frases cortas. Así como yo, haz lo mismo con las personas con las que comúnmente convives.

Por ejemplo:

Buena onda, pacientes, cálidos, dulces, cariñosos, sangrones, alzados, indiferentes, egocéntricos, sarcásticos, chismosos, metiches, no saben administrar su tiempo.

Te toca a ti:

....

....

Ahora que ya terminaste la actividad, respira; reconoce que ellos son un reflejo de ti, así como tú eres el resultado de todas las interacciones que tienes con todos los que te rodean. Ellos también son un reflejo de ti, de tus creencias, de tu nivel de merecimiento, de tus gustos. Es por eso que en este capítulo te aconsejo que sueltes tu ego y te abras a nuevas ideas para que puedas comenzar a trabajar en ti.

Vuelve a leer lo que escribiste. Eso que dijiste de tu suegra, de tu tío, de tu amiga, de todos, es un reflejo de lo que es o de lo que fue, es decir, antes tú eras así o en un momento una parte de ti así lo fue. Incluso cabe la posibilidad de que haya ciertas cosas que no logres reconocer o admitir a un cien por ciento, pero que muy probablemente ahí están presentes. Esto se debe a que las personas que están a nuestro alrededor vibran en la misma frecuencia que nuestras creencias y pensamientos, al menos en algunos de ellos. Pero no te preocupes, justo en este capítulo vamos a ver la manera en la que podemos hacer cambios significativos en nosotros mismos para poder comenzar a transformar nuestro entorno.

Sé que a veces es muy frustrante que voltees a tu alrededor y veas que no hay nadie que te inspire, que te empuje, nadie a quien admirar. Y pues muchas veces es más fácil que esa frustración que sentimos se la carguemos a las personas que nos rodean, en lugar de entender que nosotros somos responsables de ese entorno. Tenemos que aprender que podemos evolucionar y que siempre podemos sanar y comenzar a conectar con personas distintas que vibren más bonito, pero para que eso suceda, primero tenemos que cambiar nosotros, ser distintos, y vibrar más bonito.

Ten en cuenta que a veces lo único que necesitamos es un cambio de perspectiva. Por ejemplo, cada uno de nosotros posee varios intereses y gustos y, en ocasiones, nos sentimos solos porque no encontramos a una persona que comparta exactamente nuestros mismos intereses, problemas y situaciones. Sin embargo, es muchísimo más fácil que te apoyes en todo tu círculo de amigos en lugar de querer encontrar a la persona perfecta que tenga todo eso. Si lo que quieres es mejorar tu salud y hacer ejercicio, es más fácil encontrar a un amigo o una amiga a quien le guste hacer eso; esto es mucho más recomendable que tratar de convertir de repente a todos tus amigos en deportistas.

Siempre podremos cambiar, mejorar, generar nuevos hábitos y tener nuevos retos, pero recuerda que todos tenemos ritmos distintos. En mi caso, hace algunos años, como no me gustaba la percepción que tenía de mí, a fuerza quería cambiar a todas las personas a mi alrededor, y me sentía súper frustrada porque pasaban los años y esas personas no cambiaban y no querían lograr lo mismo que yo. Al mismo tiempo, a mí se me hacía súper fácil justificarme diciendo que yo no estaba logrando mis cometidos ni alcanzando mis objetivos porque todas esas personas no me apoyaban en conseguirlos. Puede causar mucha desolación y miedo cuando volteas a ver a las personas que están contigo y ves que a ninguna de ellas le interesa lo mismo que a ti, pensamientos tipo "No, pues es que como mi pareja no come bien, entonces yo tampoco", en lugar de que simplemente nosotras y nosotros comencemos a comer mejor. Y para superar la inercia que no nos permite hacer cambios en nuestra vida, podemos, como ya te mencioné, apoyarnos en nuestros amigos. Saber que tengo un grupo de amigos en el que todos son tan diferentes entre sí me da mucha paz porque sé que puedo tener diferentes conversaciones con distintas personas de los más variados temas, y eso está genial.

El siguiente esquemita lo clarifica mejor:

Con cada una de ellas puedo hablar cosas diferentes y mostrar otras partes de mi vida.

Basándote en el ejemplo anterior, ahora haz tu diagrama sobre los amigos que tienes o te gustaría tener, con aquellas y aquellos con los que te gustaría platicar:

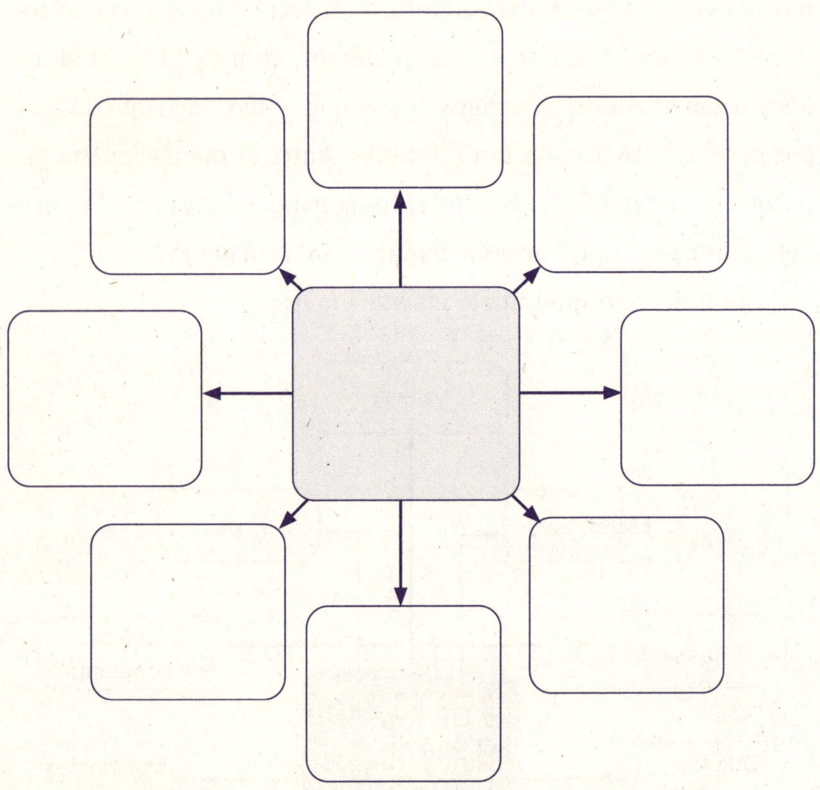

TOMAR RESPONSABILIDAD EN TUS RELACIONES

Posiblemente, a raíz de las reflexiones que has hecho hasta este punto sobre tu círculo de amigos, puede que te sientas frustrada o abrumado, por tu entorno actual. No te preocupes. Respira y aceptemos lo siguiente:

1. *En algún momento resonaste con tu círculo actual.* Quizá ya no te hace sentido relacionarte con las personas que lo

conforman, pero en algún momento lo hizo y eso es perfecto, para nada debe causarte vergüenza. Haberte relacionado o mantener relaciones con cierto tipo de personas no va a definir para siempre toda tu vida. Si cambiamos nosotros, podremos cambiar estos círculos y, por ende, cambiar nuestra vida.

2. *Hay relaciones que tuviste en algún momento que confirmaban algo en tu vida que ya no deseas mantener.* Nuestras creencias y nuestros pensamientos son tan poderosos que vamos a tener personas a nuestro alrededor que reafirmen esa creencia que nosotras y nosotros tenemos. Por ejemplo, si crees que los hombres son espantosos, vas a tener puras amigas que comparten tu creencia.

   Otro ejemplo sería que, si crees que es imposible tener un negocio y que te vaya bien económicamente, es probable que vayas a tener muchos amigos que vivan al día y que te confirmen que es imposible irte de vacaciones, así como que no puedes tener la vida de tus sueños.

   Por lo anterior, me gustaría que recordaras algo que en su momento se te hacía muy difícil de conseguir y que ahora ya lo tienes. Recuerda con qué amistades resonabas cuando creías que eso no estaba disponible para ti.

   Asimismo, me encantaría decir que, como en su momento tuviste amistades o personas a tu alrededor que te confirmaron que eso que deseabas no era posible, probablemente hoy tienes personas a tu alrededor que te están limitando para esa siguiente versión de algo que tal vez ya está disponible para ti, pero que aún no te das permiso de conseguir.

Por ejemplo, cuando yo cambié la percepción que tenía de mí y de mi vida, mi círculo cercano comenzó a cambiar. Por ello, quiero platicarte algo que nos hace mucho daño en nuestras relaciones; en mi opinión, esto es ser adictos al conflicto, al drama y al dolor. En algún momento de mi vida yo fui súper adicta a ello. El entretenimiento con que alimentaba mi ocio y recreación giraba en torno a estos tres temas. Mis relaciones interpersonales, así como mis dinámicas familiares tocaban esos tres botones, conflicto, drama y dolor, y yo los alimentaba. Y es que uno no nota lo adicto que es a esas —y otras— emociones o temas, en parte porque no nos conviene, y en parte porque nos encanta, de una u otra forma, estar ahí. Claro que es entendible que nos guste estar enredados ahí, pues nos da mucha adrenalina, nos mantiene entretenidos y ocupados con el libreto de que somos los salvadores, los que tenemos la razón, y que somos nosotros contra el mundo.

Justo por lo anterior, quiero que consideres los siguientes tres puntos (quizá tú también lo eres y aún no te das cuenta):

A) Le das mucha energía a algo y lo haces crecer. Es muy común que te pasen cosas muy buenas en tu vida, pero no les tomas mucha importancia. Sin embargo, si te pasa una situación incómoda, llena de drama o molestia, le das demasiado protagonismo, demasiada energía. Y si esa situación duró un minuto, haces que dure cuatro horas, incluso días, pues te pasas contando la misma amarga experiencia, una y otra vez, cada vez que tienes oportunidad. La recuerdas y hasta la platicas en las redes sociales. En resumen, le das vueltas de manera innecesaria.

B) ¿Qué puedes hacer para soltar dicho suceso?

- *Identificarlo.* Es muy incómodo identificar que somos adictos a estas cosas y da mucha vergüenza y pena, pero quiero decirte que se siente súper delicioso saber que, a pesar de tener esas adicciones emocionales, las puedes sanar.
- *Cuestiónate.* Te recomiendo hacerlo con tres preguntas:

  1. ¿Qué es lo que te genera o te gusta de amplificar un suceso adverso? Es una pregunta compleja porque tenemos que dejar de autoengañarnos y ser muy honestos con nosotros mismos para poder contestarla. Pero te pido que te enfoques en esos momentos en los que te acababa de pasar algo dramático, incómodo o molesto. ¿Por qué tu primera reacción fue contárselo a todo el mundo? ¿Por qué lo hiciste más grande de lo que es? Por ejemplo, antes a mí me encantaba estar contando "mis dramas y desgracias", ya que me ayudaba a conectar con las personas que más quería y como no tenía otra plática mejor, pues le seguía, sin mencionar que las personas que me escuchaban se emocionaban y entretenían. Además, a mí me daba satisfacción victimizarme de esa manera porque me ponía en el centro de la atención. Qué mejor que un buen drama y un buen chisme para hacerlo.

2. ¿A qué te recuerda? Y esta pregunta viene al caso porque tal vez esas emociones nos transporten a alguna etapa de nuestra vida. Puede ser que a lo mejor creciste en un ambiente familiar en el que el drama, el conflicto y el dolor eran el común denominador de sus relaciones, por lo que experimentarlas te recuerda a tu familia. Aunque no sea nada amoroso, queremos volver a sentir y experimentar esas emociones que se convirtieron en la base de las conexiones que formamos.
3. El vivir así, en constante drama, hace que conectes con tus personas más cercanas porque hay algunas que no saben de qué hablar más que de desgracias. Entonces el tema de conversación es el drama que están viviendo, se identifican por los mismos sufrimientos que están padeciendo.
4. ¿Cómo crees que la vida sería sin esto? Esta pregunta puede ser dura o compleja, pues yo recuerdo que antes me decía que mi vida sin el drama, el conflicto y el dolor sería aburrida y sin chiste, y que yo sería una persona común y corriente. Así que sin ellos me sentía hasta vacía o sin propósito, ya que todo el tiempo, de manera consciente e inconsciente, me veía inmiscuida en ese tipo de situaciones.

C) Busca soluciones reales e intenta no engancharte. Muchas veces creemos que estamos haciendo algo para solucionar nuestros enredos con el dolor, el drama y el conflicto, pero no es así. Recuerdo que una amiga me platicaba constantemente que se la llevaba mal con una de sus compañeras de trabajo; le chocaba. Y cada vez que su compañera le hacía cosas feas, mi amiga creía que una solución era hablar de eso con todo mundo, en especial conmigo. Siempre me decía que ya la iba a bloquear de todas sus redes sociales, que ya no le iba a permitir que fuera grosera con ella; que un día de ésos le iba a decir sus verdades. Pero en realidad mi amiga no hacía nada. Creía que con seguir chismorreando y platicando del asunto se solucionaba algo. Como ella, muchos creemos que con hacer esto es más que suficiente, cuando en verdad, una solución real es actuar ante la situación. Ella pudo haber tomado sus decisiones y llevarlas a cabo: haber ido y decirle a su compañera todo lo que no le parecía o con lo que no estaba de acuerdo, o haberla bloqueado de tajo, cambiado de trabajo, incluso puesto una queja ante recursos humanos por todas las cosas que le estaba haciendo.

3. *Aceptar algo diferente.* Comenzar a hacer un cambio de perspectiva puede ser algo realmente retador y complejo. En este caso, te invito a que toda esa energía que le das a lo negativo, se la empieces a dar a lo positivo. Por ejemplo, cuando alguien te hace un cumplido, deberías de hablar de eso con muchas personas. Cuando la vida te da una agradable sorpresa, deberías de hablar sobre eso. Así, poco a poco te irás acostumbrando a centrar y enfocar tu energía en todas esas cosas bonitas que están en tu vida.

ACTIVIDAD

Haz una revisión de tu vida actual e identifica qué situaciones negativas experimentas y qué es lo que aún no sueltas porque crees que no es para tanto, pero en realidad sí te afectan, pues te quejas de ellas con regularidad. Deben ser cosas muy específicas. Ve los siguientes ejemplos:

- ☐ La persona que atiende la tiendita de la esquina me trata súper mal, pero yo sigo yendo a esa tiendita.
- ☐ La maestra de mis hijos es súper grosera, pero no le digo nada a la directora.

Piensa en esas pequeñas acciones que ahí están en tu vida y que son como una piedrita en el zapato:

....

....

....

....

CÓMO CUIDAR TU ENERGÍA DE UNA TRIBU TÓXICA

Crecemos con la idea de que en algún lugar lejano hay gente mala que no tiene corazón y que, si en un punto de tu vida llegaras a topártelas, podrías defenderte de ellas o salir corriendo. Sin embargo, poco se habla de que los padres, tíos, abuelos, hijos o familiares en general también lastiman y violentan. A veces, nuestras mayores inseguridades y traumas se deben a la convivencia con ellos, y por más que nos encantaría huir de ellos o pelear contra ellos —así como viste en las películas cuando eras niña o niño—, no lo puedes hacer porque crecimos con la creencia de que “la familia es lo único que tendrás para toda la vida”.

En un ambiente familiar, si alguien más comete un acto de violencia, normalmente nadie dice nada, y el asunto se calla. Es triste, pero la mayoría de las veces la peor violencia que hemos vivido proviene de nuestra propia familia, sobre todo porque convivimos mucho tiempo con nuestros parientes y se crea un vínculo de mayor confianza.

A continuación, te comparto una tablita con la que podrás revisar si en algún momento has pasado por ello o no:

Acto de violencia	Ejemplo
1-Bromas hirientes	Cuando algún familiar hace un comentario “chistoso” de cómo te ves o de algo que pasó, pero que en realidad para ti no se sintió como algo gracioso.
2-Chantajear	Hay veces que nos condicionan, en especial los padres o las parejas “si no haces tal cosa, no te dejo hacer tal”. También cuando los padres dicen: “Yo te di la vida”.
3-Mentir o engañar	Incluso las mentiras piadosas o blancas son una forma de lastimar.
4-Ignorar o aplicar la ley del hielo	Algunas personas, en una actitud pasivo-agresiva, en lugar de externar sus diferencias y comunicar sus disgustos, prefieren, por molestia o castigo, dejarte de hablar. Con esa actitud lo que desean es hacerte sentir mal, enfatizar que tienen un control sobre ti.

Acto de violencia	Ejemplo
5-Celar	Hay personas que quieren tu exclusividad y no permiten que te relaciones con otras personas, que tengas otros trabajos. Simplemente, lo que quieren es que los conviertas en tu prioridad y que les dediques todo tu tiempo y atención.
6-Culpabilizar o descalificar	Pasa mucho con los padres que quieren culpar a sus hijos por las fallas cometidas en su proceso de educación y formación. Quieren hacerlos responsables de cosas que ellos no cometieron.
7-Ridiculizar, ofender o humillar en público	Este tipo de violencia no es más que otra forma de querer tener el control de tu vida, es una forma de minimizarte.

Me encantaría escuchar que exagero y que nadie ha vivido esto en su propia familia, pero quiero decirte que hasta en las mejores familias sucede y si actualmente estás viviendo algo así, y no le pones un alto, lo más probable es que esto aumente. No debes de aguantar ningún tipo de violencia de nadie, no importa que se trate del familiar más bueno y querido.

Te comparto otra parte de la tabla en la que los actos de violencia están ordenados del menos violento al más violento:

Acto de violencia	Ejemplo
1-Intimidar o amenazar	No importa en qué ámbito de tu vida se dé esta intimidación, es decir, no importa que sea a nivel emocional, mental o físico; al final, es una forma de violencia.

Acto de violencia	Ejemplo
2-Controlar o prohibir	Dado que debe existir un respeto a nuestra individualización, nadie tiene por qué prohibirnos nada, ni mucho menos tomar decisiones por nosotros.
3-Destruir artículos personales	Sobre todo, cuando lo hacen por el gusto de hacerlo.
4-Manosear, caricias agresivas	Cualquier acto hacia nosotros, sin nuestro consentimiento, es un abuso, sin importar lo pequeño o grande que pueda ser.
5-Golpear	Incluso aunque digan que están jugando o que es broma.
6-Pellizcar o arañar	Algunas personas se justifican diciendo que es algo menor, pero cualquier manifestación de violencia puede convertirse en algo más grande.
7-Empujar o jalonear	No importa el contexto, nadie debería agredirte así.
8-Cachetear	Nadie tiene derecho a ponerte la mano encima.
9-Patear	Si alguien te daña a este nivel, sin duda es alguien que no te ama.
10-Encerrar o aislar	Si alguien llega a este nivel de violencia, es un gran foco rojo. Nadie tiene derecho a coartar nuestra libertad.

Y déjame decirte que la lista no se acaba ahí, hay mucho más. Si has vivido esto, debes saber que no es normal ni amoroso que alguien que se supone que te quiere y te respeta cometa tales actos contra ti. Todo lo anterior tiene un nombre, es violencia y está mal, y no, nunca será chistoso. En ninguna circunstancia. Lo ideal es que te alejes de esas personas y ya no convivas con ellas, pero sé que no es así de fácil. A mí me pasó que por muchos años me tocó vivir situaciones de violencia y abuso y, por más que quería huir o pedir ayuda, no era tan fácil. Es por eso que quiero compartir contigo lo que sí me funcionó y que, en su momento, fue mi salvavidas:

1. *Hablarlo, sentirlo y llorarlo (las veces que sientas que es necesario).* Recuerda que nunca estás exagerando y es importante honrar eso que sientes.
2. *Pedir ayuda.* Desde un profesional, una amiga, una hermana, alguien a quien le puedas contar la situación y, si se puede, que te ayude a cambiarla o salir de ella. A veces esas personas de confianza te pueden apoyar para que te salgas de ese lugar violento, a encontrar un hogar temporal.
3. *Entender que esa violencia no es personal (aunque se sienta como si así lo fuera).* Las personas heridas hieren —aunque esto no las justifica—, por lo que no es que estén ejecutando un plan malévolo en contra tuya. Debes de saber que esas cosas no te pasan porque te las mereces, sino que pasan a causa del dolor de otras personas.
4. *Evita minimizar la situación de violencia.* Sobre todo con frases y actitudes como "no pasa nada", "nada sucedió", sólo porque te da pena lo que otros dirán. Recuerda que es más importante serte fiel a ti misma.

Vivir con violencia nos deja con traumas, inseguridades y muchas cosas que no sabemos que están ahí, y que únicamente descubrimos o nos hacemos conscientes de ellas cuando salimos de esos ambientes tóxicos. Es súper importante tomar esto en cuenta porque cuando vivimos en un ambiente violento, es difícil que nos enfoquemos en nuestros sueños, en crecer y en creer en nosotros mismos, si todo el tiempo estamos tratando de sobrevivir, fijando nuestra atención en cómo defendernos y cuidarnos. A pesar de todo esto, recuerda que las cosas sí pueden cambiar, pero esto requiere de mucha fuerza y de mucho amor hacia nosotras y nosotros mismos.

DEBERÍA SANAR A MI FAMILIA

Me gustaría empezar esta sección con la siguiente reflexión: hace 20 años alguien te hizo algo y esa persona siguió con su vida, pero tú aún piensas en ello. Asimismo, hace 20 años le hiciste algo a alguien, y seguiste con tu vida, mas esa persona sigue pensando en ello.

¿Cómo saber que aún no perdonas algo? Porque al recordarlo aún tiene un efecto en ti y en tu vida. Ten en cuenta que el perdón es un regalo para ti, y no para las personas que te agraviaron. En verdad, el perdón se convierte en un superpoder y en una bendición cuando esas personas o esas situaciones dejan de tener un efecto en ti y cuando genuinamente ya no tienen tu atención. Perdonar no significa que:

- De nuevo aceptas lo mismo o que quieras vivir otra vez esa situación traumática.
- Que quieras estar en contacto con las personas que te lastimaron.
- Que estás de acuerdo con lo que te pasó y lo minimizas.

Recuerda que el perdón es un acto de amor hacia uno mismo y no hacia esas personas involucradas. Es importante que consideres esto, pues cuando tenemos muchos problemas y resentimientos hacia muchas personas, tarde o temprano aparecerán en nuestra mente, lo cual nos llevará a que nos disgustemos y les deseemos algo malo o los maldigamos. Esta situación provocará que nuestra frecuencia energética baje, sin mencionar que, por ley del karma, todo lo que le deseemos a alguien —sea bueno o malo— se nos regresará y multiplicado. Como consecuencia, será complicado que manifestemos una vida de amor y de autorrealización si constantemente nos estamos saboteando con estas energías negativas. Es por eso que te digo que el perdón es un acto de amor hacia nosotros mismos. Es algo que hasta nos conviene hacer para poder manifestar esa vida que tanto deseamos. Por eso te invito a que perdones, sueltes, sanes y veas estas situaciones negativas desde otro punto de vista. No permitas que esas personas y eventos en tu vida te detengan o sean un obstáculo para manifestar lo que tanto quieres.

¿CÓMO CREAR RELACIONES AMOROSAS?

Límites. Poner límites nos ayuda a cuidar el amor que dos personas se tienen. Es por eso que, si algo te incomoda, dilo; si quieres algo, dilo; si esperas algo, dilo; si no te gusta algo, dilo. Respecto a este tema, muchas veces me preguntan: “¿Con quiénes tengo que poner más límites?”. Con las personas con las que más convives. Si quieres crear una relación de verdad amorosa y que se sienta bien para los dos, ambas partes deberían tener la confianza y la delicadeza para poder decir, genuinamente, lo que necesitan, lo que no los hizo sentir bien, lo que no les vibró porque entre más lo digan, más acostumbrados estarán a ese intercambio de opiniones, sin que lo sientan como una lucha o ataque.

Antes la mayoría de las familias se centraban en aparentar ser perfectas, ésas en la que todo parecía estar súper bien, cuando en realidad nada se sentía bien, pero nadie decía ni comunicaba nada. Antes, muchos hombres incluso violaban a sus propias esposas y permitían que ocurrieran muchas cosas espantosas, justo porque sabían que nadie iba a decir nada, y aunque poco a poco se han ido rompiendo y transformando esos comportamientos, aún hay mucho por hacer.

Lo más importante en una relación es la reciprocidad —es decir, el dar y el recibir de manera equitativa—, la cual se construye con mucha comunicación. Sin tanto rollo, la reciprocidad es ponerse en el lugar de la otra persona y pensar en qué es lo que necesita y qué es lo que requiere. Por ejemplo, cuando voy a asistir a un evento o a algo de alguna persona, pienso en qué me gustaría que hicieran por mí. Si voy a ir al aeropuerto a recibir a alguien, pienso en cómo me gustaría que me recibieran. En mi caso sería con flores. Entonces lo que hago es llevarle flores a esa persona. O si voy a ir a la casa de unos amigos que se acaban de mudar, pienso en que me encantaría que llegaran a mi casa con chocolates y vino, así que eso hago. Entonces, la reciprocidad implica hacer ese tipo de cosas e, incluso, de ser posible, comunicarle a la persona que lo recibió la razón por la que lo hicimos o qué sentimientos nos motivaron para hacer tal o cual acción. Como ya te lo había mencionado, la comunicación y el diálogo son súper importantes.

También hay que considerar que no todo se trata de dinero, ni de dar en la próxima ocasión un regalo o presente cada vez más grande que el anterior, sino que muchas veces es más un tema de cosas no negociables como la atención, la energía o el tiempo. Por ejemplo, en la relación de padre-hijo, la mayoría de las veces es el padre quien aportará más en el tema económico, y si bien posiblemente el hijo o hija no pueda regresarle todo ese apoyo, a lo mejor lo que sí puede hacer es ser recíproco o recíproca con el cariño a sus padres, la atención que les pone o el tiempo que les dedica.

Algo que me gustaría aclarar y, hasta cierto punto desmentir, es esta idea que circula mucho en las redes sociales de que para que seas exitoso debes rodearte de puros campeones y que, si no lo haces, vas a ser un *loser*. Y es que hay que entender que no todos tus amigos van a vivir tu definición de éxito, pero sí todos tus amigos pueden ser exitosos a su manera. Asimismo, se popularizó la idea de que, si a alguno de tus amigos no les está yendo tan bien en su vida, se debe a que no son buenas personas y que por eso les va como les va. Cierto es que la vida sube y baja, y que hay ocasiones en las que te va muy bien y otras en las que no tanto. Si bien es cierto que muchas veces nuestras creencias y pensamientos son la base de nuestro entorno, hay muchos factores implicados en el ambiente de una persona. Es por eso que no deberíamos definir a las personas de acuerdo con si les está yendo bien o mal —si les está yendo mal es porque son malas personas o si les está yendo bien son buenas—, sino más bien definir a los buenos amigos y amigas de acuerdo con sus valores, según esas cualidades y características que causaron que tengamos afinidades con ellos y ellas.

CONSTRUYE A TU AMIGO IDEAL

Recuerda que no puedes manifestar nada si no sabes qué es lo quieres. Razón por la cual te invito a que reflexiones en cuáles son las características que te gustaría que tuviera tu amigo o amiga ideal:

....

....

....

Si no se te ocurre qué poner, te comparto unos cuantos ejemplos para que te sirvan de guía:

- A mí me gustaría tener a alguien que me escuche cuando...
- A mí me gustaría tener a alguien que venga a visitarme cuando...
- A mí me gustaría tener a alguien que me tenga mucha paciencia cuando...

TEST DE AMIGOS

Vamos a encontrar qué te aportan tus amigos, pues cada uno es exitoso en algún punto. La idea es que traigas a tu mente a las personas que conforman tu círculo cercano, y veas qué es lo que están aportando en tu vida: amor, comprensión, tolerancia, paciencia, entendimiento, etcétera. También, valdría la pena que consideres a las personas que no aportan nada bueno pues, si al pensar en alguien, te da la sensación de inseguridad, desconfianza, miedo, enojo, te baja los ánimos, yo te aconsejaría que replantees un poco tu convivencia con esa persona.

Y recuerda, no se trata de que a todos tus amigos les tenga que ir súper bien en todo, y que deben tener la empresa más grande, el matrimonio más exitoso, la familia más perfecta, las redes sociales con mayor número de seguidores e influencia; no, nada de eso. Si sí es así, está muy bien. Pero lo más importante es tener en mente que cada uno de tus amigos puede ser una fuente para diferentes cosas en tu vida y eso está bien. Considerando lo anterior, te invito entonces a hacer el ejercicio de pensar en las personas que conforman tu círculo cercano. ¿De qué son fuente en tu vida?

Persona que es fuente de	Nombre de mi amigo o amiga
Ejemplo: Amor	Mi amiga Carolina es una fuente de amor para mí.
Amor	
Inspiración	
Comprensión	
Motivación y superación	
Risas	
Crecimiento	

GRATITUD

MERECES TENER UNA TRIBU

Esto te lo digo desde el fondo de mi corazón, soñando en que te permitas aceptarlo y entender que lo siguiente ya está disponible para ti:

Mereces tener personas que se sientan felices y emocionadas por lo que estás viviendo, por lo que estás soñando:

Que te escuchen y apapachen cuando lo necesites y que te acompañen en las diferentes etapas de tu vida.

Que te acompañen en las diferentes etapas de eso que tú elegiste.

Que te digan la verdad, sin el afán de lastimarte, aunque a veces eso no sea tan fácil.

Que te ayuden y vean por ti y por tus proyectos.

Que te inspiren a ir por más.

Que te reconozcan y te valoren a ti, a tu tiempo y a tus recursos.

Que te quieran no sólo por lo que harás por ellos, sino por lo que tú eres.

Que estén ahí en la enfermedad o en los tiempos difíciles.

Que te saquen carcajadas.

Que te permitan ser tú.

Que canten contigo.

Que hagan que la vida sepa y sea más bonita y placentera.

Con todo mi cariño,
Karla Barajas

MEDITACIÓN PARA VISUALIZAR LAS CUALIDADES QUE QUIERES ENCONTRAR

5
COMENZAR A MERECER Y DARTE EL PERMISO

MEDITACIÓN PARA VIVIR EL MERECIMIENTO DÍA CON DÍA

Trabajar en nuestro merecimiento y confianza no solamente nos ayudará a vivir nuestra vida a nuestra manera, sentirnos más felices y disfrutar del proceso, sino que también nos ayudará a ser libres. Si sientes que tu corazón sueña mucho y quiere lograr mucho, pero no trabajas en tu merecimiento y confianza, se sentirá como una lucha interna: "Es que sí quiero, pero no me siento capaz", "sí quiero, pero creo que no voy a poder".

1. La verdad sobre el merecimiento

Fue difícil comenzar este capítulo porque dentro de mí viven dos conversaciones. Una parte de mí me decía cosas como "¿y tú qué vas a saber sobre el merecimiento?", y eso me hacía detenerme. Sin embargo, otra parte me decía: "¡Ve cuánto de lo que deseas ya lograste! De seguro hay alguien a quien le puede servir tu historia". Así que vengo a decirte la verdad: este dilema entre estas dos voces no se sana al cien por ciento. Si bien hay una especie de mito que afirma que todas las personas que estamos logrando diversas metas ya sanamos totalmente, y que estamos súper bien en todo, la verdad es que no es cierto. Todo el tiempo estamos en un cambio constante para sentirnos más en confianza, con mayor merecimiento, más a gusto, más felices, más todo, y no es algo con lo que se nace o se vive al cien por ciento, hay épocas en las que uno, a pesar de haber logrado objetivos importantes, no se siente tan bien o tan positivo.

A propósito de lo anterior, me gustaría contarte una historia. Desde pequeña me esforcé para "ser la mejor", tener el mejor promedio en la escuela, obtener siempre los mejores resultados, rebasar siempre mis límites. Creía que de alguna manera si me esforzaba aún más, llegaría más lejos, llamaría la atención de mi padre biológico y mis papás me querrían todavía más. Esta actitud comenzó cuando yo tenía seis años, y aunque suena tierno y sí me llevó a obtener buenos resultados, caí en una actitud de perfeccionismo, siempre comparándome con los demás, lo que causaba que no reconociera mi trabajo y mis logros. El ambiente en el que me desarrollaba fomentaba esta dinámica de esforzarme y creía que mi valor como persona provenía de los resultados que obtenía, de manera que, si fracasaba, pensaba que no iba a ser valiosa ni merecedora de amor. Pensaba que, si no sacaba buenas calificaciones, o que si no era la mejor en mis actividades extracurriculares, no sería bienvenida en mi casa. Por lo tanto, me sentía "paralizada", siempre buscando estar a la altura de las situaciones, poder ser digna de admiración y sentirme suficientemente merecedora o en confianza. Quiero decirte que con esta manera de vivir nunca llegas a sentirte plena al cien por ciento.

El tiempo pasó, crecí y me convertí en una adulta que es creadora de contenidos, escritora y que da cursos sobre mucho de lo que te he platicado en los últimos capítulos. A pesar de ello, por varios años me creí la historia de que mágicamente me sentiría merecedora y en confianza de lo que soy y de todo lo que quiero. Yo creía que en el futuro, cuando llegara a tener equis número de seguidores, el día en el que publicara mi primer libro, o en el que tuviera equis número de alumnas en mis cursos, me sentiría mejor y merecedora, pero no fue así. Cada vez que conseguía un nuevo logro me sentía como un fraude, que no merecía ese posicionamiento, no sentía pertenencia en ningún lugar y mi mente me decía: "No tienes tantas habilidades para haber logrado eso. Fue pura suerte", e indudablemente caía en el síndrome del impostor; me sentía como una impostora.

SÍNDROME DEL IMPOSTOR

Siempre pensaba que al cumplir la siguiente meta en mi lista me sentiría realizada y mucho mejor, pero no fue así. Cuando te da el síndrome del impostor, de manera constante estás dudando de tus capacidades, piensas que te estás poniendo metas inalcanzables, que las victorias que tienes no son reales y hasta buscas la manera de minimizarlas: "Fue muy fácil", "alguien me ayudó", "no fue para tanto", "hay alguien que lo hizo mucho mejor que yo". No importa lo que logres, dices que no fuiste tú, que no mereces ese lugar que alcanzaste, que fue producto de la suerte. La razón siempre es algo más excepto tú y tus habilidades.

Y es que de alguna manera creí que la vida misma me formaría y me ayudaría a sentirme mejor. Que cuando esas oportunidades que tanto soñaba llegaran, yo ya estaría lista al cien por ciento. Pero estoy aquí para decirte que la vida no es así, que muchas cosas no pasarán mágicamente, y que por más que yo quisiera, o que una parte de mí quisiera pausar todo para poder trabajar en mí hasta que ya me sintiera lista para ahora sí aventarme, la verdad es que no pasa así. Ojalá que así fuera, pero muchas oportunidades en la vida, la mayoría de ellas, no fluyen así. No se esperan. Muchas veces es de tomar decisiones que son ahora o nunca, por muy dramático que suene.

Así que, si te sientes identificada, identificado, con todo esto que te he platicado en este preámbulo, déjame decirte que en este capítulo te compartiré todo lo que a mí me ha servido para sentirme mejor y merecedora. ¡Bienvenida, bienvenido!

2. Darte permiso

La mayoría de las veces crecemos con una necesidad de aprobación externa. Ahora como adultos, la pregunta del millón es ¿de quién buscamos aprobación? Quizá de nuestros papás. Y esto lo menciono porque en el momento en el que yo me salí de mi casa, yo buscaba la aprobación de mi mamá para todo, le quería pedir permiso ante cada una de mis decisiones. Yo estaba consciente de que me había independizado, pero en el fondo lo consultaba con ella porque pensaba que, si tenía su bendición, todo iba a estar bien. Sin embargo, eso estaba muy limitado al nivel de merecimiento y confianza que mi mamá tenía sobre ella misma y sobre mí.

Tal vez le estés pidiendo permiso a alguien a quien no admiras, de quien no te gusta su vida, no te gustan los resultados que ha dado. Sería bueno que te preguntaras si te gustan los permisos que esa persona te da, ¿tú te estás dando esos permisos?, ¿o te los estás negando? A qué me refiero. Por ejemplo, si estamos en una reunión de amigos y decimos: "Vámonos de viaje", algunos en el momento dicen: "Ay, sí, qué padre. Vamos". No saben cómo lo van a pagar, pero ya se dieron el permiso. Por otro lado, hay otros que desde ese segundo responden que no porque no tendrán dinero, no los van a dejar en su trabajo, y por muchas cosas más; desde ese momento, ya no se están dando permiso.

Entonces, todo el tiempo a tu vida termina llegando eso a lo que te diste permiso. Y no siempre hablo de dinero. Como expliqué en mi libro anterior *Manifestación sin tanto rollo*, a veces las cosas llegan a nuestra vida de maneras misteriosas, pero siempre, antes de que lleguen, debes darte el permiso de recibirlas. Es como cuando dices: "Claro que sí, me quiero dedicar a esto y me voy a aventar", "por supuesto que quiero vivir en tal lugar, me voy a mudar", "me quiero ir de vacaciones a tal lugar, me voy a animar". Pasar a la acción es un punto muy poderoso. Sin importar que esos pasos sean pequeños o grandes, lo importante es tener la voluntad de empezar, de actuar, pues la gran mayoría de las personas no se dan el permiso de llevar a cabo sus sueños y se justifican con que ya vendrán tiempos mejores en los que sí podrán realizarlos, ya que ahora no es el momento oportuno o no se sienten capaces.

Justo en este tema de darte permiso, tenemos que ser muy honestos y estar atentos, pues muchas veces disfrazamos el no darnos permiso con un supuesto permiso, es decir, decimos que sí, cuando adentro de nosotros tenemos la convicción de que no será así. Y es que normalmente este hecho de darnos permiso o no estará limitado por nuestras experiencias de vida, sobre todo por aquello que vivimos en nuestra niñez, cuando vivíamos con nuestros padres. Si ellos se daban la oportunidad de vivir ciertas experiencias o no, es a lo que estarás acostumbrado. Por ejemplo, yo crecí en una familia en donde viajar no era común. A duras penas viajábamos a otros municipios, y muy de vez en cuando a otros estados. Viajar fuera del país era algo casi imposible y ni siquiera lo considerábamos. Eso era para gente rica y nunca lo viví en mi infancia.

Pero entonces, cuando me casé, resultó que a mi esposo le encanta viajar. Él es súper viajador y ha ido a muchos lugares del mundo. Pues esta situación, esta diferencia en nuestras experiencias de vida, comenzó a causar mucha fricción entre los dos. Cada vez que me decía: "Hay que viajar a tal parte", yo me sentía muy incómoda y mis respuestas siempre terminaban siendo los mismos pretextos: "No podemos viajar porque tengo mucho trabajo", "no porque quiero ahorrar más antes de viajar", "no hay que viajar porque primero debemos de hacer esto otro", "no porque...", y podría seguir enumerando más excusas. Realmente me costó mucho trabajo aceptar la idea, pero empezamos a hacerlo. Comencé a viajar con él y pensé que eso significaba que ya me había dado la oportunidad, pero después me di cuenta de que esto no era así, pues en los viajes hacía todo lo posible y hasta lo imposible, para pasármela mal. Me preocupaba por el trabajo, me estresaba o me enfermaba. De manera que según yo ya me había dado permiso de viajar, pero muy en el fondo de mí no era así, me seguía resistiendo. Me había dado un permiso de manera parcial, pero a qué costo.

Por eso debemos tomar en cuenta que todo el tiempo nos estamos dando o no la autorización de experimentar determinadas cosas. Lo interesante es que, si cambiamos nuestra perspectiva de ciertos temas, vamos a cambiar el merecimiento para darnos permiso a cosas mejores. Y puede ser que tal vez sí nos estamos dando el permiso que queremos, pero con ciertas restricciones que no estamos tomando en cuenta. Nuestra propia mente nos puede hacer sentirnos incómodos. Tal vez te diste permiso de tener pareja, pero esa pareja no te ayuda en algunas áreas de tu vida, ya que muy en el fondo, no te sientes con el suficiente merecimiento para tener a tu lado a una pareja más amorosa o generosa contigo. Es posible que te diste la oportunidad de tener el trabajo de tus sueños, pero quizá no del todo bien. Por ejemplo, recuerdo que en cierta ocasión una amiga había renunciado a su empleo formal en una empresa, para comenzar a trabajar de manera independiente, y me decía que el no estar atada a un horario laboral y a una jefa la hacía sentirse como una persona floja. Ella misma se estaba saboteando cuando en verdad podía hacer lo mismo, con mayor libertad, y ganando más dinero. Y todo esto te lo platico para que tengas en mente que todo eso se puede moldear porque somos capaces y dignos de manifestar lo que queremos.

¿CÓMO PODEMOS NOTAR A QUÉ TE DAS PERMISO?

La respuesta es más simple de lo que parece: lo que tienes en tu realidad es a lo que te das permiso. Si tienes ciertas bendiciones, son a las que te das permiso. Si tienes ciertas conversaciones, son a las que te das permiso. Si tienes ciertos planes o cosas que has realizado, son a las que te has dado permiso. Todo eso que estaría bonito y que en algún momento quieres, por más que creas que está allá afuera, la verdad es que no ha pasado porque tú no te das la oportunidad de vivirlo. En pocas palabras —y aunque más adelante lo veremos con mayor detalle—, la siguiente afirmación resume lo que te he explicado:

Te das permiso a eso que crees que mereces.

Recuerda que para que podamos sentirnos merecedores de algo, debemos tener un cuestionamiento constante de nuestra mente, nuestro cuerpo y nuestra energía. A qué me refiero con esto. Por ejemplo, si yo me decía: "Sí, me quiero ir de viaje", trabajaba en mi merecimiento y, ya estando en el viaje, me ponía a reflexionar sobre cómo estaba mi energía, mi mente, mi cuerpo, pues una cosa es estar ahí físicamente en el viaje, y otra es que de verdad yo esté cumpliendo con ese propósito o con esas ganas de disfrutarlo, gozarlo, vivirlo y todo lo que implica estar de viaje, *¿de qué sirve viajar si tu mente está pensando en problemas del trabajo?* ¿De qué te sirve tener el dinero para viajar si tu energía está en la carencia y piensas todo el tiempo en las cantidades de dinero que te estás gastando? ¿Por qué piensas que es un gasto en lugar de una inversión?

Lo mismo pasa cuando quieres tener la boda de tus sueños o la fiesta perfecta y, una vez que estás viviendo dicha celebración, estás todo angustiado o angustiada por no sé qué cosas, preocupado por situaciones sin mucha importancia, peleado con no sé quién. La verdad es que cuando no te das permiso al cien por ciento, cualquier conflicto o drama innecesario que llegue a tu vida lo vas a interpretar como una bendición, sobre todo si piensas que está ocurriendo porque te está advirtiendo que eso que estás viviendo es una mala idea y que te ayudará a rescatarte de una mala decisión. Cuando en realidad no nos damos la oportunidad de vivirlo porque, en el fondo, no nos creemos merecedores de dicho acontecimiento, caemos en el autosabotaje.

EJERCICIO

¿Cómo sabré que ya sané? ¿Cómo sabré si ya me estoy dando permiso?

Una manera de saberlo es que puedas escribir el cómo se ve esa versión tuya que ya se dio permiso con cierto tema. Es decir, en el tema del dinero, la manera en la que sabré sí ya me di permiso de disfrutar de él o de los factores relacionados con él —como pueden ser tener ese trabajo de mis sueños o emprender ese negocio que tanto he deseado—, sería revisar cómo se siente mi día a día. ¿Lo disfruto? ¿Colaboro con las personas con las que siempre imaginé que trabajaría? ¿Los clientes que llegan a mi negocio son como los imaginé? Si eres capaz de responder esas preguntas, pero sobre todo, si eres capaz de visualizar toda esa experiencia al cien por ciento —cómo se ve, cómo se siente—, ya estás del otro lado. Recuerda que necesitas claridad para ver a la versión tuya que ya se dio la autorización para experimentar determinada situación en tu vida.

Lo importante es que puedas hacer esa descripción escrita de cómo se visualiza eso que quieres ver manifestado en tu vida. Por supuesto que será más sencillo si empiezas por algo con lo que ya estás trabajando. De hecho, sería lo más recomendable. Si ya estás iniciando un proceso para abrir esa empresa o ese negocio que siempre has querido tener, añádale un proceso de visualización, de darte permiso, y las cosas y situaciones van a fluir con mayor facilidad. El objetivo de este escrito es que siempre puedas volver a él, para que lo leas y veas cómo has crecido y, en caso de que necesites realizar modificaciones y/o mejoras, tener la posibilidad de hacerlo.

3. Cambiar la percepción que tienes de ti y de tu conversación interna

Aparentemente, es muy complicado cambiar los hábitos que tenemos, incluyendo la manera en la que pensamos y hablamos; incluso, la manera en la que nos hablamos a nosotros mismos. Esto nos puede llevar a caer en el derrotismo, en el pesimismo, a sentirnos frustradas y frustrados por querer cambiar nuestra situación actual de vida. Es normal sentirnos de esta manera. Te entiendo. Yo también me sentí como tú te sientes e, incluso, a veces así me siento. Pero no te preocupes, respira profundo. Todo tiene una solución. Todo lo que sigue, lo que estoy a punto de explicarte, es lo que a mí me ayudó a sentirme mejor.

En primer lugar, y como te he venido diciendo, pedirás y recibirás aquello que equivale a eso que crees que mereces o vales. Por ejemplo, si crees que no eres valiosa, no eres capaz, no eres bonita, no eres inteligente, no eres tal cosa, inconscientemente creerás que mereces que te pongan el cuerno, te griten, te lastimen, abusen de ti, entonces no podrás poner un alto a los abusos, no podrás poner límites. Justo por eso es importante que trabajes en cambiar la percepción que tienes de ti, y lo que te dices a ti misma todos los días, porque obviamente, si quieres manifestar cosas diferentes, necesitas cambiar eso.

Digamos que para que puedas sentirte merecedora y poder manifestar eso que quieres, necesitas trazar una ruta que te lleve del punto A (donde estás) al punto B (que es adonde quieres llegar). Y para que eso pase, debe de haber una transformación. Tienes que saber que tendrás que trabajar en ti misma, en ti mismo, vas a salirte de tu zona de confort, vas a aceptar muchas cosas nuevas, tendrás que desarrollar nuevas habilidades, nuevos hábitos, y vas a invertir en ti.

Para que estas ideas queden más claras, te voy a compartir una tablita. En la primera fila voy a poner un ejemplo; después, deberás de completar las siguientes filas con otros casos que se relacionen con aquello que quieres manifestar en tu vida, aquellos puntos a los que quieres llegar.

Punto A	Punto B	Hábitos	Inversión en mí	Conversación interna
Yo considerándome una mujer sin habilidades para hacer un libro porque no había escritores en mi familia.	Yo con un libro publicado con la mejor editorial de México.	Empecé a ser disciplinada, atenta, ordenada y organizada.	Tomé un curso de escritura creativa. Me inscribí a un taller de redacción.	Empecé a decirme que sí era capaz, que soy creativa, merecedora, que como escritora sí tengo una historia que contar y que sí habrá alguien que leerá mi libro y que habrá una editorial de prestigio que va a publicar mi libro.

Seguir las pautas anteriores sería lo ideal, lo sencillo y lo normal, aparentemente, pues, ¿qué pasa cuando no estás en el punto A? ¿Qué pasa si partes desde un punto en el que la conversación contigo misma o mismo no es la ideal, ya que no te sientes merecedora o merecedor? ¿Qué pasa si comienzas desde un punto en el que tu autopercepción es dura, complicada e inflexible? ¿Qué hacer si se parte desde un punto en el que no confías en ti misma, en ti mismo?, donde te sientes triste, mal contigo, donde ni siquiera te sientes capaz de llegar a desarrollar esas habilidades o de conseguir esas oportunidades que tanto deseas. Si ése fuera el caso, entonces no estarías comenzando en el punto A, sino mucho más atrás y, posiblemente, eso se deba a que has vivido relaciones de abuso y violencia, donde te dijeron que no valías nada, no eras capaz, te hicieron sentir súper tonta, ignorante, poco disciplinada, etcétera.

Lamento mucho que no estés comenzando en el punto A, que estés empezando en "desventaja" porque viviste experiencias complicadas que te convencieron de que no merecías una buena vida. Para poder avanzar al siguiente paso, te comparto unos puntos que te serán de gran ayuda:

1. *Conocerte realmente*

   Yo viví cerca de una persona que me decía que yo no era capaz, que no lo estaba haciendo bien, que mis ideas no eran valiosas y un montón de cosas por el estilo. El problema es que cuando convives tanto con personas con esa mentalidad, terminas por creerte todo lo que te dicen y ya ni siquiera luchas por transformarte o ser mejor, sólo te rindes y dices: "Está bien, tiene razón, yo soy todo eso".

Sin embargo, debemos tener el valor de conocernos a nosotros mismos, más allá de lo que los demás nos han dicho que somos y de lo que podemos lograr. Al quitarte todas esas etiquetas y concepciones externas, podrás realmente comenzar a conocerte a ti. Te darás cuenta de que sí eres capaz, sí eres merecedora, sí tienes habilidades importantes, sí eres divertida, sí eres inteligente y un largo etcétera.

2. *Crear un plan de transformación*
Por ejemplo, si yo quiero escribir un libro, y ya identifiqué que sí soy muy creativa, también tengo que ser muy honesta conmigo misma para saber si tengo todas las habilidades para convertirme en escritora. Si no es así, no tengo porque sentirme mal, al contrario, es una oportunidad para mejorar por medio de estudios y talleres que me ayuden a adquirir las habilidades y los conocimientos que me hacen falta. Lo mismo aplica para aquellas metas que tú deseas conseguir. Tienes que hacer un plan para poder adquirir y/o desarrollar lo que te haga falta. Es un plan de transformación en el que comenzamos a trabajar en nosotras y nosotros mismos. De acuerdo con tus objetivos, este plan puede incluir ir a terapia, comenzar nuevos estudios, renovar tu espacio de trabajo, en fin, las opciones son de lo más diversas. No hay correctas o incorrectas, simplemente hay aquellas que se adecúan o no a tu objetivo a alcanzar.

3. *Construye una conversación interna adecuada*
Ahora bien, relacionado con el punto anterior, quiero decirte que por más que te pongas a desarrollar nuevas ha-

bilidades y nuevos hábitos, si tú mismo te estás diciendo que no puedes hacer tal cosa o que no eres capaz de equis o ye, no podrás lograrlo. Será prácticamente imposible, ya que no te estás dando permiso de conseguirlo.

Y recuerda que es normal que tengas miedo, dudas, que no sepas por dónde comenzar, que sientas frustración e incomodidad y, por más trillado que suene, eso no debe detenerte. Déjame platicarte que yo he tenido la fortuna de que personas que admiro mucho se conviertan en mis amigos. Lo curioso es que, al platicar con ellos de estos temas, me encuentro que aun cuando yo los veo muy avanzados, se sienten como "nuevos e inexpertos" en el área en la que están intentando desarrollarse, pero a pesar de esa sensación, siempre creen que pueden con eso y más. Y verlos en su proceso es algo realmente inspirador. He visto como algunos están intentando crear su nueva empresa o que de repente se quieren lanzar a algo nuevo que les da muchas ganas de hacer; aunque no son buenos en ello, en lugar de dejarse vencer, buscan la forma de cómo conseguirlo. Se ponen a ver qué libros pueden leer, le preguntan a otras personas cómo le hicieron, investigan los posibles caminos disponibles, ven con quién se pueden acercar para que los oriente y, lo más importante, jamás ponen su energía en cosas como "yo no soy merecedor", "es que yo no puedo", "yo no tengo tanta suerte", "es que yo no tengo una pareja con dinero que me ayude". En verdad, ellos nunca dudan de sus posibilidades. En lugar de hacerse bolita y comenzar a llorar en su papel de víctimas, se dedican en cuerpo y alma a buscar la manera en que pueden conseguirlo.

Ten en mente que si nunca has hecho nada similar a lo que sueñas y apenas estás empezando con algo que admiras o quieres mucho, es normal que te sientas con cierta desorientación, pero no te desanimes, sigue adelante. Conforme comiences a lograr más y más cosas, en la medida que vayas adquiriendo nuevos hábitos y vayas cumpliendo los acuerdos que hiciste contigo mismo, te darás cuenta de que, poco a poco, vas a confiar más en ti. Y, para ir cerrando este tema, me gustaría que reflexionaras en la siguiente pregunta: ¿Por qué lograrías algo que te propusiste si ni siquiera crees que puedes conseguirlo?

ACTIVIDAD

Llena un diario

Consigue una libreta nueva y escribe en ella todos los días hasta que te la acabes, aquello que pienses y sientas durante tu proceso de transformación, sobre ese plan que has fijado para ir del punto A al punto B. Ese proceso de cambio para sentir el merecimiento de aquello que quieres lograr no será sencillo, por lo que te recomiendo usar este diario para que te desahogues, para que escribas en él cada vez que sientas miedo, cuando no te sientas capaz, cuando se te esté dificultando algo. Asimismo, vas a escribir todo lo que vayas logrando, tus avances y tus descubrimientos. Esta libreta va a ser como tu conversación interna, algo así como "okey, reconozco que tengo miedo y todo esto, pero yo también soy esa mejor amiga tuya y ese mejor equipo tuyo que te dice que sí puedes, que las cosas se te van a dar, que eres amorosa y que vas a encontrar la solución y el camino para llegar a donde quieres estar".

Prácticamente, la libreta es para documentar el proceso que estás haciendo para lograr tus propósitos. No estás escribiendo como parte de un juego infantil, sino que lo estás haciendo como un apoyo para no sentirte aislado, para sentirte acompañado en este nuevo camino de transformación. Recuerda que estás documentando el proceso de que sí lo vas a lograr al final y que este diario es para acompañarte en los días buenos y malos.

4. ¿Cómo creo que merezco algo?

Nuestro sistema de creencias siempre es clave, pero muy especialmente en este tema del merecimiento. Por ejemplo, yo creía que para ser merecedora y poder celebrar algo, tenía que sudarlo, llorarlo, trabajarlo hasta el cansancio y pelear fuerte por ello. Pensaba que entre más difícil era conseguir algo, resultaba más merecedora y más lo podía celebrar y contar. Por el contrario, si había conseguido algo con facilidad, no lo veía como algo importante; minimizaba su importancia.

Con el tiempo me di cuenta de que ese tipo de perspectiva era incorrecta, pues los resultados que obtenía podían deberse a mi magnetismo personal: yo los atraía hacia mi vida. También me puse a pensar que las cosas podían darse porque el Universo estaba a mi favor, porque me correspondía y ya era mi momento para manifestarlo.

Con todo esto, quiero que veas que hay dos caminos generales, dos perspectivas para construir nuestro merecimiento. En la primera, tienes que trabajar muy duro para merecer aquello que deseas. Literal, se siente como si fueras tú contra el mundo y que nadie te tiene que ayudar y el Universo no está a tu favor. Las cosas son difíciles de obtener, la vida es dura, y todos tus objetivos tomarán mucho tiempo en concretarse. Siendo honestos, qué cansado y agotador es vivir así. En la segunda perspectiva, tienes ayuda divina y las buenas oportunidades están de tu lado. Los procesos fluyen en paz, en armonía, y disfrutas de ellos.

No te sientas mal si tu situación actual de vida se ajusta más a la primera perspectiva. Durante mucho tiempo yo viví eso. Mi vida era una telenovela interna en la que todo parecía muy caótico, y como no estaba abierta a procesos amables, amorosos y armoniosos, me llegaban puras oportunidades difíciles y procesos muy duros. Para sentirme merecedora, debía vivir un drama, un caos, pasar por experiencias duras y agotadoras. Si las cosas llegaban de manera sencilla, me sentía como una impostora, rara, fuera de lugar.

Entonces, para poder pasar de una perspectiva a otra, debes de aterrizar tu vida y hablarte con honestidad. Recuerda que todas las situaciones que experimentas en tu mundo exterior provienen de la conversación interna que tienes. Si en esa conversación sientes que estás luchando contra lo difícil de la vida, entonces siempre estarás en una posición en la que eres tú peleando contra un villano, el cual puede ser tu jefe del trabajo, tu compañero mala onda de la oficina, tu suegra o tu casero; tu energía estará concentrada en eso y estarás consumiendo gran parte de ella en crear y atraer estas oportunidades duras. Obviamente no queremos que las cosas se den por la vía difícil, es por eso que debemos de cambiar nuestra conversación interna y empezar a ver que el mundo está a nuestro favor, que la vida está llena de muchas bendiciones, oportunidades y caminos. Y aunque pueden presentarse obstáculos y retos, como tu energía no se estará desperdiciando en crear situaciones adversas, será más sencillo sobrellevar dichos retos. Tu energía no estará concentrada en un proceso de lucha, sino en una autoconfianza que generará las oportunidades que tanto anhelas.

ACTIVIDAD

Vas a responder las siguientes tres preguntas (y es recomendable que lo hagas cada vez que lo necesites). Toma en cuenta que yo pondré algunos ejemplos, pero los conceptos o situaciones que están subrayados pueden intercambiarse por otros que resuenen más con tus procesos personales:

1. *¿Cómo debería ser mi empleo para sentir que lo merezco?* Escucha y presta atención a todo lo que salga de ti cuando estés contestando esta pregunta, pues ésa es tu verdad. Es por eso que te pido que seas honesto, ya que sólo así podrás identificar tus patrones de pensamiento y tus sistemas de creencias.
2. *¿Cómo puedo darme permiso de que lo anterior llegue amable, armoniosa, abundante o amorosamente a mi vida?*

   Como consejo, será muy útil que te enfoques en lo que quieres construir, en lo que te quieres convertir.
3. *¿En qué debería creer y enfocar mi energía para que llegue de esta manera a mi vida?*
4. **Meditación de gratitud**

5. Soltar el merecimiento tóxico

Vivimos en una sociedad que está sistematizada para que no nos sintamos merecedores, suficientes y con confianza. Una sociedad que todo el tiempo nos está bombardeando con expectativas y exigencias que debemos cumplir si es que queremos encajar en ella. Por ejemplo, dicen que tu piel se tiene que ver de tal manera, porque si no es así, no eres suficientemente atractivo o atractiva. Nos dicen que, si queremos ser personas exitosas, nos tenemos que levantar a las cinco de la mañana, tener tales hábitos, tener tales finanzas, tener tal automóvil, tener tal casa. Nos dicen cómo tienen que lucir nuestros dientes, nuestros ojos, nuestro cabello, nuestra cuenta bancaria. La mercadotecnia coloca las cosas en un pedestal tan alto que nuestra vida no se ve ni se siente de esa manera, por lo que nos sentimos incapaces de conseguir algunas cosas, no nos sentimos merecedores de ciertas bendiciones.

Y entonces, en un intento de sentirnos mejor, ser mejores o lograr cosas, caemos en lo siguiente:

1. Perseguir el futuro. Hasta que sea tal persona, o hasta que consiga aquel logro, tendré el merecimiento que estoy buscando.
2. El perfeccionismo. En una autocrítica irreal y dolorosa en la que nunca nada es suficiente, incluso aunque no sepas por qué. Y esa actitud no sólo se manifiesta contigo, sino también en tu ambiente y con las personas que te rodean.
3. Una confianza falsa y una constante comparación con otros, bajo el pretexto de que nos estamos motivando. Sin embargo, al no ver cumplidas tales expectativas, nos sentiremos insatisfechos. Y entonces caemos en un *fake it till*

you make it, fingir hasta que lo consigas pues sólo así te vas a motivar. Pero al exigirnos y presionarnos de esta manera, lo único que vamos a conseguir es que no nos vamos a creer que merecemos algo mejor. Vamos a dejar de ser amables y amorosos con nosotros mismos. Como te mencioné, estaremos en una insatisfacción constante en la que no importa todo lo que ya has logrado, nunca será suficiente.

Esto es lo que tenemos que hacer para salir de la idea de un merecimiento tóxico:

1. *Hacer una autoevaluación*
   Empezarnos a evaluar de una manera realista, o sea, definir y aceptar muy bien qué sí soy y qué no soy. Esto me ayudará a poder establecer un plan para comenzar a cambiar las cosas que debo modificar, pues cuando identificamos aquello que necesitamos mejorar, tenemos que establecer un plan de acción. Por ejemplo, si yo quiero ser conferencista, pero no hablo bien o me da pánico escénico, necesito meterme a algún taller de oratoria. No se trata nada más de darte cuenta en qué no eres bueno, sino de analizar qué puedes hacer para ser bueno en ello.

2. *Establecer metas*
   Estas metas tienen que ser reales, algo que puedas alcanzar si trabajas todos los días en ello. Su realización no debe depender de algún "golpe de suerte" o del cambio de voluntad de alguien más. Debe depender única y exclusivamente de ti, y tiene que ser algo que te haga sentir feliz, que sea algo

que tú decidiste hacer por tu cuenta y no porque alguien te dijo que deberías de hacerlo.

3. *Tener un círculo de apoyo*

   Será muy útil el que te rodees de personas que te ofrezcan un apoyo genuino y una retroalimentación constructiva. Y aquí me gustaría platicarte que mi esposo es alguien que me apoya y me ayuda muchísimo. Algo que me gusta de él es que cuando ve que no estoy consiguiendo alguna de mis metas, identifica que no estoy desarrollando algo de la mejor manera, me lo dice de una manera constructiva y amorosa y, lo más importante, cuando me ayuda a identificar una problemática, me sugiere una o varias soluciones: "Mira, mi Amor, aquí está este libro que te puede ayudar a mejor en esto", "te recomiendo que veas este video", "conozco a tal persona que te puede apoyar para que refuerces tal aspecto". En verdad, esto es súper básico en mi vida, así que cuida mucho el círculo cercano que tienes en la tuya.

4. *Cuidado personal*

   Esto es, sobre todo, un recordatorio, pues ya hemos hablado de lo importante que es mantener una salud adecuada en todas las áreas: física, emocional, mental y espiritual. Recuerda que el descanso de calidad es clave para poder recuperar nuestra armonía.

5. *Educación con empoderamiento*

   Esta parte no sólo se trata de echarte porras en la mañana y ya, sino que tienes que estar consciente de que la motivación deber ser constante y de manera activa, ya sea por medio de libros, cursos, talleres, conferencias, o de relacionarte con personas que te puedan orientar. En resumen, se trata de participar en actividades de desarrollo personal y profesional que refuercen tu sentido de merecimiento y confianza desde una base sólida.

6. Crear un nuevo ambiente

Empezar a vivir en un nuevo entorno puede resultar difícil, sobre todo si nos enfrentamos a la inercia de nuestra vida anterior. Ahora bien, ¿a qué me refiero con crear un nuevo ambiente? Como ya hemos visto a lo largo de este capítulo, para alcanzar el merecimiento que deseas, necesitamos cambiar nuestra conversación interna y nuestro entorno. Ambos deben ser congruentes con la forma de vida que queremos tener, con aquello que queremos lograr. Y, como ya te lo mencioné en el punto 3, tu círculo de apoyo es fundamental. A mí me sirve bastante que las personas que me rodean me digan constantemente que sí soy capaz, que puedo lograrlo, que claro que alcanzaré mis metas, que todo se va a dar. Pero no sólo eso, sino que también me apoyen con soluciones y mejoras que me ayuden a desarrollar nuevas habilidades.

Es por eso que me gusta reunirme con personas que ya lograron aquello que yo quiero alcanzar. Al verlas más cercanas a mí, veo que son personas de carne y hueso, que están sentadas frente, junto a mí, o que están presentes por medio de una llamada, un mensaje, los leo o los veo en un video, y todo eso me ayuda y me hace ver que si esas personas ya lo lograron, entonces yo también puedo hacerlo. Si fue posible para ellas, también es posible para mí. Convivir con ellas y escuchar sus historias me ayuda a entender que no tienes que tener todo resuelto al cien por ciento, que esas personas no son superhéroes, pues todavía tienen momentos en los que dudan, en los que tienen miedo, en los que pasan momentos difíciles, en los que las cosas no se dan tan fácil y, a pesar de todo ello, ahí están, y siguen adelante con sus sueños. Y como lo platico en mi libro anterior, convivir con personas que han logrado algo que tú quieres alcanzar o tener te da claridad sobre cómo es el proceso. Te ayuda a entender qué es lo que tienes que hacer para conseguirlo. Si bien es cierto que hay muchos caminos para llegar a ese merecimiento y, por ende, a la manifestación de tus deseos, a continuación, te comparto una lista de las cosas que me ayudan con este proceso:

1. *Poner notas adhesivas*

   Tengo la costumbre de poner notas alrededor de toda mi vida: en el espejo, la cocina, el escritorio y el fondo de pantalla de mi celular. Notas con reflexiones y afirmaciones que me ayuden a mantener en mi mente que sí soy capaz, que lo estoy haciendo bien, que soy merecedora.

2. *Escuchar música motivante*

   Me sirve mucho escuchar canciones que me ayuden a crecer la confianza y el merecimiento de esa vida que tanto quiero manifestar.

3. *Platicarme*

   Constantemente platico conmigo misma y me digo: “Sí puedes”, “sí lo vas a lograr”. Lo hago frente al espejo o en voz alta. Al principio me costaba mucho trabajo, y no sabía bien cómo hacerlo, pero entonces me decía: "A ver, Karla, si tuvieras frente a ti a una de tus amigas, toda asustada y llena de dudas, qué le dirías". Y así fue como comencé a tener pláticas conmigo misma.

4. *Invertir en mí*

   Recuerda que, si quieres llegar a hacer eso que deseas, necesitas invertirle tiempo, atención, energía y recursos. La diferencia entre una persona soñadora y esa que está cumpliendo sus sueños son los hábitos. Por ejemplo, si quieres ser conferencista, entonces comienza a vestirte, hablar, caminar y pensar como uno. Si no desarrollas nuevos hábitos y nuevas formas de hacer las cosas, será muy difícil que, haciendo las mismas cosas, obtengas resultados diferentes.

5. *Ir a terapia*

   Si bien es cierto que una misma y uno mismo puede llevar a cabo un proceso de transformación sin la intervención de nadie más, es mucho más sencillo cuando lo haces con un acompañamiento, sobre todo con un profesional. Es por eso que acudir a terapia te puede ayudar muchísimo.

7. Una carta al merecimiento

ACTIVIDAD

Lee esta carta cada vez que lo necesites.

Querido merecimiento:

Si bien llevo una vida buscándote y peleando por ti a toda costa, hoy entiendo que esa confianza y seguridad se crea y se trabaja. Hoy sé que puedo conseguirlo y que este proceso estará lleno de luz, bendiciones y amor para todos los que me rodean.

Perdón, ... (escribe tu nombre) por creer que no eras capaz, suficiente o merecedor/a de esos sueños y fantasías. Perdón por lastimarte y compararte con otras personas, y por no poner límites a aquellos que querían mantenernos chiquitos/as, inferiores e infelices.

Hoy empiezo a dimensionar lo increíblemente poderosos/as y sorprendentes que somos. Aún no lo termino de procesar, pero sé que todo lo que ocurrirá desde hoy es incluso más hermoso que nuestro sueño más loco.

Te prometo cuidar de ti, confiar en ti, hablarte bonito, apapacharte, ponerte a ti y a nuestros sueños como prioridad.

Con amor,

....

Pon tu nombre

MEDITACIÓN PARA VISUALIZAR TU VIDA EN DIFERENTES ÁREAS

6
CONCLUSIÓN

Quiero decirte que hoy ya estás lista y listo para poder vivir esa vida, para poder aventarte esos sueños, para poder sentirte plena, para sentirte completa y recibir todo eso que siempre has deseado.

No hay que esperar esa batalla final o esa demostración de tu poder, sino que hoy, definitivamente, ya estás preparada y preparado. Y aunque sé que te encantaría asistir a un retiro más, leer un libro más o estudiar un curso más para comenzar tu nueva vida, ya no es necesario. Hoy puedes actuar diferente, elegir amorosamente y aceptar todo lo bonito de la vida.

Por favor, te pido que, así como has usado por mucho tiempo tu energía para dudar de ti, para creer menos en ti, para hacerte menos, hoy la uses para aceptar que puedes usar tu energía para creer en ti, para confiar en ti, para hacerte sentir mejor. Recuerda que mereces ese amor, ese apapacho, ese hogar calientito y rico; mereces tener personas a tu alrededor que se sientan bendecidas y confiadas porque estás a su lado; mereces dedicarte a algo que te apasione, que te den ganas de levantarte en la mañana. Recuerda que la vida se puede poner aún más bonita si tú te das permiso de abrirte y recibir de forma bonita.

Con todo mi cariño y con todo mi amor,

Karla Barajas

¡Nos vemos!

Esta obra se terminó de imprimir
en el mes de octubre de 2024,
en los talleres de Litográfica Ingramex S.A. de C.V.
Ciudad de México.